Herstellung und Verlag:
BoD - Books on Demand, Norderstedt
ISBN 978-3-7347-2964-5

VORWORT

Liebe Leserinnen und Leser, ich freue mich sehr, dass Sie sich für dieses Buch entschieden haben.

Darf ich Ihnen vorab eine wichtige Frage stellen?

Wenn Sie mit dem Inhalt dieses Buches Ihre Freude hatten und daraus sogar einen persönlichen Nutzen ziehen konnten, würden Sie es dann auch gern einmal weiterempfehlen?

Das freut mich sehr. Das ist doch eine hervorragende Basis für die nächste Zeit, die wir miteinander verbringen werden.

Wenn Sie sich jetzt fragen, was Sie von einem Buch über „den Autofahrer" für die Praxis mitnehmen können – seien Sie gespannt. Nach den ersten Seiten, in denen einige grundlegende Situationen dargestellt werden, erhalten Sie ganz konkrete „Werkzeuge", die Ihnen sowohl im Straßenverkehr, als auch in vielen anderen Situationen Ihres Lebens einen wertvollen Nutzen bringen werden.

Lassen Sie sich überraschen was das alles ist.

Vorab allerdings noch ein paar weitere wichtige Fragen an Sie:

Welche Wünsche haben Sie generell an ein gutes Buch?

Was erwarten Sie konkret von diesem Buch?

Welche Vorstellungen haben Sie von einem Buch über uns Autofahrer?

Diese Fragen können Sie sich wunderbar mit den folgenden Seiten beantworten.

Lassen Sie sich fallen in Situationen, die wir alle schon mal erlebt haben.

Gegebenheiten von denen wir selber noch tagelang erzählt haben. Abends unserem Partner, am Wochenende unseren Freunden, unserem Stammtisch, unseren Kollegen…

Diese Inhalte resultieren aus Erlebnissen der letzten 20 Jahre auf Deutschlands Straßen. Sie sollen dazu beitragen, über unsere eigenen Verhaltensweisen nachzudenken, anderen Menschen und Situationen entspannter zu begegnen und letztlich wieder mehr Freude am Autofahren zu haben.

Wäre das auch für Sie ein schönes Ziel?

Dann ist Ihre Wahl genau die richtige. Dieses Buch dient nicht nur zu den oben genannten Zwecken, sondern es empfiehlt sich auch als eine Art Merksystem.

Immer dann, wenn Sie mal wieder frustriert von der Fahrt nach Hause kommen, können Sie die folgenden Erlebnisse und die daraus resultierenden Erkenntnisse wunderbar nutzen, um sich selbst wieder daran zu erinnern, was Sie doch alles beherzigen wollten. Markieren Sie die entsprechenden Seiten, so dass Sie schnell zu den Werkzeugen gelangen.

Wenn Sie es als E-Book erworben haben, nehmen Sie doch einfach Stift und Papier zur Hand, um die wichtigen Werkzeuge zu notieren und so Ihr eigenes Merksystem zu erstellen.

Ich wünsche Ihnen jetzt und für die Zeit danach viel Freude und Spaß mit diesem Buch.

DER GANZ NORMALE WAHNSINN

Fangen wir mit dem Stadtverkehr an. Was ist da nicht schon alles passiert?

Wer von Ihnen fährt gern durch die Stadt?
Wenn ja, wann? Morgens? Im alltäglichen Berufsverkehr, in dem die Autofahrer genervt von einem Stau in den Anderen fahren?

Mittags, wenn die ganzen Lieferanten und Paketdienste in zweiter Reihe halten, um ihre Waren auszuliefern?

Abends? Wenn die Berufstätigen schnell nach Hause wollen, um noch ein Parkplatz vor der Haustür zu bekommen.

Oder nachts? Da ist es schön durch die Stadt zu fahren oder? Kennen wir das nicht alle?
Wir kommen von einer Feier nach Hause, fahren durch die dunkle Nacht, die Lichter der Stadt weisen uns den Weg – und die Straßen sind frei. Vereinzelt ein einsamer Taxifahrer. Sonst ist keiner unterwegs.

Haben Sie dann nicht auch schon mal gesagt:
So müsste es immer sein. So macht das Autofahren richtig Spaß.

Wann sind wir aber am häufigsten unterwegs? Wahrscheinlich so wie der Großteil der Bevölkerung, morgens und abends. Immer schön zur Hauptverkehrszeit. Da kommt Freude auf! Jeden Morgen und Abend immer wieder das gleiche Spiel.

Warum ist es zu diesen Zeiten nicht so ruhig wie nachts? Warum sind alle so gestresst? Und warum lassen wir uns davon anstecken?

Alles sehr wichtige Fragen.

Die erste Frage ist ganz einfach zu beantworten. Die Arbeitszeiten vieler Menschen sind gleich oder sehr ähnlich. Deshalb ist sehr viel Verkehrsaufkommen zu diesen Zeiten, so dass es sich unweigerlich an Knotenpunkten staut.

Wirklich unweigerlich? Oder gibt es weitere, bzw. andere Gründe, die vielleicht ebenfalls eine Rolle spielen?
Wenn Sie mal an Ihre Fahrtrouten denken, was fällt Ihnen da auf?
Da gibt es viel befahrene Kreuzungen, Baustellen, Bushaltestellen, Fahrbahnreduzierungen, Fußgängerüberwege, viel zu kurze Ampelphasen, etc.

Aber wenn wir mal ehrlich sind, sind wir nicht in Wahrheit selber schuld?

Die Ampel ist gelb, ach da können wir noch rüber. Ohne mal nach vorn zu schauen, ob wir dann mitten auf der Kreuzung stehen, weil der Verkehr vor uns nicht weiter kann. Das heißt, wir blockieren schön den Verkehr von links und rechts, werden angehupt und können nicht nach vorn und nicht nach hinten.

Ist Ihnen noch nie passiert? Kommen Sie, seien Sie ehrlich. Noch nie?
Dann sind Sie derjenige, der von links oder rechts kommt und die Funktionalität seiner Hupe ausgiebig testet? Nein? Der sind Sie auch nicht?

Ach so, Sie sind der, der nicht mehr bei gelb oder dunkelgelb auf die Kreuzung gefahren ist und sich denkt: Was für ein Idiot, jetzt blockiert der den ganzen Verkehr. Wenn ich gleich Grün habe, kann ich wegen dem nicht weiterfahren.

Also kurz gesagt sind immer die anderen schuld. Na klar, was auch sonst. Wenn diese Dilettanten nicht wären, wäre alles viel besser. Wo haben die eigentlich alle Ihren Führerschein gemacht? Wie gesagt. Immer sind die anderen schuld.

Oftmals ist das auch so, das stimmt. Wenn ich an mich denke, bin ich auch manchmal derjenige, der solche Situationen verursacht hat.

Klar, es ist immer leichter, die Schuld den anderen zu geben, anstatt sich selbst zu fragen:
Was könnte ich anders machen, damit die nächste Fahrt angenehmer wird?

Übrigens, falls Sie doch der sind, der noch schnell bei Gelb auf die Kreuzung fährt – ich kann Sie ja verstehen. Wahrscheinlich haben Sie schon länger im Rückspiegel den Fahrer hinter sich beobachtet, dessen Nummernschild Sie nicht mehr sehen können, weil er so dicht auffährt, dass Sie schon seine Augenfarbe erkennen können.

Wenn Sie also jetzt bei Gelb bremsen würden, dann würde der Fahrzeugführer hinter Ihnen vielleicht ein paar „freundliche" Gesten machen oder auch mal seiner Hupe die Daseinsberechtigung bestätigen.

Was lernen wir daraus? Egal, was wir machen, es ist immer verkehrt. Sollten wir also lieber gar nicht mehr mit dem Auto fahren? Eher mit öffentlichen Verkehrsmitteln? Mit dem Fahrrad fahren? Zu Fuß gehen?

Das ist eine berechtigte Frage und bringt uns kurz weg vom Thema Autoverkehr.

Das ist leicht gesagt, aber nicht immer so einfach in die Tat umgesetzt. Warum?
Nun ja, zu Fuß gehen funktioniert natürlich nur bei kurzen Strecken und wenn man nicht viel zu tragen hat.
Mit dem Fahrrad fahren? Ist das gleiche. Hängt zusätzlich aber auch noch vom Wetter ab.
Bleiben also noch die öffentlichen Verkehrsmittel. Wer von Ihnen ist schon mal mit der Straßenbahn, dem Bus oder dem Zug zur Arbeit gefahren?

Und wie hat das geklappt? Manchmal gut? Glückwunsch. Denn manchmal ist schon ein Erfolg.
Okay, wir sollten zwischen den einzelnen Verkehrsmitteln unterscheiden. Der Bus und die Straßenbahn für die kurze oder mittlere Strecke ins Büro sind vielleicht noch ganz passabel. Man muss nur hoffen, dass alles pünktlich kommt, nicht im Stau stecken bleibt und man möglichst noch einen Sitzplatz bekommt. Allein das ist nicht immer so einfach. Da sind die alten Menschen, die zum Arzt fahren, die jungen Menschen, die zur Schule müssen und eben wir, das arbeitende Volk, das Geld verdienen muss.

6

Sollte es uns gelingen einen Sitzplatz inmitten dieser vielen Menschen zu ergattern, dann ist das sehr angenehm, komfortabel, ruhig, also rundherum idyllisch. Oder?

Wie bitte? Sie meinen, dass ist nicht die Realität? In der Praxis sieht das ganz anders aus?

Da quetscht man sich in die engen Sitze, hat neben sich einen Nachbarn, der laute Musik über sein Smartphone hört. Natürlich mit Kopfhörern. Aber warum hat er die überhaupt? So laut wie die Musik daraus hämmert, braucht er sich nicht wundern, wenn er mit 30 seinen ersten Tinnitus hat. Aber egal, Rücksicht auf andere Menschen wird hier selten genommen. Die leben meistens in ihrem eigenen Mikrokosmos.

Was machen wir? Wir sitzen daneben, erdulden diesen Lärm und sagen uns: Na ja, wir waren auch mal jung. Ist ja nur eine halbe Stunde Fahrt. Das halten wir schon aus. Es könnte ja auch schlimmer kommen. Worauf möchte ich hinaus?

Abends auf der Rückfahrt vom Büro, zum wohlverdienten Feierabend, haben wir es wieder geschafft.

Wir haben einen Sitzplatz ergattert, wollen uns ein bisschen entspannen, da setzt sich so ein Dauertelefonierer neben uns. Kennen Sie diese Menschen?

Haben Sie diesen Gesprächen schon mal zugehört? Na klar, Sie sitzen ja direkt daneben. Die gibt es übrigens in jeder Alterskategorie. Die reden aber meistens auch über absolut lebensnotwendige Dinge wie z.B.: …ich fahre gerade mit dem Bus… ich bin jetzt da und da…ich hatte heute so viel zu tun… mein Chef ist voll der … usw., usw. Was ist jetzt schlimmer? Die laute Musik oder der Telefonterror? Ist beides nicht sehr angenehm oder?

Auch das lassen wir aber über uns ergehen. Wir wollen schließlich keinen Streit anfangen. Wir wollen doch nur nach Hause.

Wobei, es gibt auch noch andere Insassen, die nicht gerade dazu beitragen, dass wir einigermaßen entspannt nach Hause kommen.
Es könnte auch die Mutter mit dem Kleinkind auf dem Arm neben Ihnen sitzen. Sie denken im ersten Moment: Ach wie niedlich der kleine Fratz. Bis dieser so süße kleine Fratz anfängt zu heulen. Und ich meine bewusst heulen. Das ist kein Weinen, sondern eher im Sirenenton Dauerlärmbelästigung.

Verstehen Sie mich bitte nicht falsch, ich habe nichts gegen Kinder. Nur müssen die gerade dann mit dem Bus oder Bahn fahren, wenn ich auch darin sitze?

Besonders schön wird es dann auch noch, wenn das Baby die Strapazierfähigkeit seiner Windel testet und so ein leicht penetranter Geruch aufsteigt und in Ihren Augen brennt. Apropos Geruch oder sagen wir es anders, Gestank. Aber auch das ist ja ganz normal. Was soll das arme Kind auch machen?

Es gibt leider ab und zu Fälle, in denen erwachsene Menschen einen anderen Sinn für Körperhygiene haben, als wir selbst. Ohne das jetzt näher vertiefen zu wollen. Damit sind auch diejenigen gemeint, die denken, eine Flasche Parfüm muss nicht lange halten, die sprühe ich mir direkt mehrfach auf den ganzen Körper. Auch das alles erdulden wir. Wir wollen doch nur nach Hause.
Sie wollen immer noch ab und zu auf den Bus oder die Straßenbahn umsteigen? Gut, dann machen Sie das. Oder wir überlegen uns gemeinsam, wie wir wieder mehr Freude am Autofahren bekommen können. Denn das ist ja unser eigentliches Thema.

Aber vorab noch mal ganz kurz zum Thema Bahn, weil das sehr viele Menschen betrifft.

Gemeint sind Züge. Also eine Alternative für Menschen, die nicht um die Ecke wohnen und einen längeren Weg zu Arbeit haben. Dort begegnen uns die gleichen Menschen, die wir gerade schon vor Augen hatten. Hier kommt ein entscheidender Faktor allerdings noch dazu. Es ist die BAHN!

Ich könnte gut und gern ein eigenes Buch über das Thema Bahnfahrten schreiben. Hier nur mal ein paar Auszüge. Dinge, die Sie vielleicht auch schon in ähnlicher Form erlebt haben.
Sie denken jetzt, ich will auf das Thema Unpünktlichkeit hinaus. Nicht unbedingt. Das ist ein wesentlicher Faktor, da haben Sie Recht.

Es gibt allerdings noch viel wundersamere Dinge, die mir in der Vergangenheit passiert sind. Hier nur mal ein paar Beispiele.

Die Geschäftsleute unter Ihnen kennen das sicher auch? Man bucht eine Fahrt, 1. oder 2. Klasse, man reserviert sich die Sitzplätze für die Hin- und Rückfahrt. So weit so gut. Ist es Ihnen auch schon mal so ergangen, dass Sie in den Zug eingestiegen sind, gingen in Ihren Wagon, suchten Ihren Platz und es saß schon jemand darauf? Wir reagieren wir?

Freundlich, höflich weisen wir darauf hin, dass wir diesen Platz reserviert haben und bitten den anderen Fahrgast aufzustehen.
Wenn Sie Glück haben, treffen Sie auf einen netten Mitmenschen, der Ihnen Platz macht und Sie können es sich auf Ihrem Sitz gemütlich machen.

Wenn Sie Pech haben, werden Sie erst mal angeschnauzt nach dem Motto: „Hier ist doch alles frei, nehmen Sie doch einen anderen Platz." Machen Sie das bloß nicht. Denn je weiter Sie fahren, desto mehr Leute steigen ein. Viele haben ebenfalls Plätze reserviert und werden Sie dann verscheuchen. Also seien Sie konsequent und beharren auf Ihren Platz.

Aber wir merken, schon wieder eine Situation, die nicht dazu beiträgt, entspannt die ersten Minuten Ihrer Zugfahrt zu genießen.
Wobei, Sie haben wenigstens einen Platz. Mir ist es auch schon passiert, dass ich alles reserviert habe. Also 1. Klasse, Sitzplatz, Großraumwaggon. Als der Zug einfährt stehe ich schon an der Stelle wo mein Waggon eigentlich halten sollte, wundere mich, dass diese Nummer dort aber nicht dran steht. Steige ein, suche meinen Waggon, frage einen Schaffner und bekomme die Antwort:

„Der Waggon fällt heute leider aus!" „Wie bitte? Und meine Reservierung?" „Da müssen Sie sich so einen Platz suchen."

Sind Sie schon mal zur Hauptreisezeit durch einen Zug gegangen und haben einen freien Platz gesucht? Ich ja. War toll. Das Ergebnis war, dass ich einen Stehplatz zwischen zwei Waggons hatte. War eine tolle Zugfahrt. Da kommt Freude auf.
Allerdings ist hier der Zug wenigstens gefahren.

Ein letztes Beispiel, was einem so alles passieren kann, wenn man auf das Auto verzichten will ist folgendes:
Dieses Mal war alles in Ordnung, Waggon war da, Sitzplatz auch. Auf einmal stoppt der Zug auf freier Strecke. Was war passiert? Keine Ahnung. Nach ca. einer halben Stunde Ungewissheit kamen die Durchsagen, dass sich ein paar Kilometer weiter vorn jemand auf die Gleise geworfen hat. Ein Selbstmordversuch. Aus diesem Grund muss der Zug rückwärts zum letzten Bahnhof fahren und dann müsse man sehen wie es weiter geht. Rückwärts fahren ist allerdings relativ. Nennen wir es tuckern. Zu allem Überfluss waren auch noch im ganzen Zug die Toiletten ausgefallen.

12

Da kommt endlich mal wieder Freude auf. Warum ich mich trotzdem freue? Dazu später mehr.

Kommen wir zurück zu unserer Entscheidung, Auto oder andere Verkehrsmittel?
Was sagen Sie? Wie decken sich Ihre Erfahrungen mit denen, die ich geschildert habe? Sie haben vielleicht selbst erlebte Beispiele, die noch viel extremer sind, als das was ich Ihnen gerade geschildert habe. Also müsste uns unsere Entscheidung doch leicht fallen oder?

Was hatten wir vorhin noch gesagt? Egal was wir machen, es ist immer verkehrt.

Gut, dann lassen Sie uns zurückkommen, zu des Deutschen Lieblingsthema – nein nicht Urlaub – sondern zum Auto. Speziell zu Fahrten mit dem Auto zu unterschiedlichsten Zeiten und an verschiedensten Orten.
Wir fahren ja nicht nur zur Arbeit, also auch nicht nur im Berufsverkehr. Sondern auch zu allen möglichen anderen Zeiten und Tagen.
Denken Sie jetzt auch gerade an Sonntagsfahrer? Dazu komme ich später.
Lassen Sie uns jetzt erst mal über den ganz normalen Wahnsinn sprechen.

Entschuldigung, über den ganzen normalen Verkehr. An welche Situationen denken Sie gerade?

Fangen wir bei den Verkehrsregeln an.

Keine Angst, ich werde nicht anfangen, die einzelnen Regeln aufzuzählen. Es gibt allerdings ein paar Situationen, die diesbezüglich herausstechen. Die einfach erwähnenswert sind, weil sie anscheinend so viele Leute vergessen haben. Ich spreche natürlich nicht von Ihnen und mir. Wir sind doch die perfekten Autofahrer!?
Wo soll ich anfangen?

Nehmen wir mal so ein paar ganz einfache und alltägliche Dinge, z.B. rechts vor links. Kennen wir doch alle. Kennen heißt aber nicht gleich können, bzw. daran zu denken oder sich daran zu halten.

Es ist noch gar nicht lange her, da fuhr ich durch ein Wohngebiet, hatte Vorfahrt, kam also von rechts und wollte links abbiegen. Ich sah ein Auto von links kommen. Denke noch, na ja, der sieht mich ja, ich habe ja Vorfahrt. Wundere mich nur, warum er nicht langsamer wird. Bremse wieder ab, bleibe stehen, weil ich ihm sonst in sein Auto gefahren wäre.

14

Was macht er? Der fährt einfach weiter, ohne auch nur den Anschein zu machen, dass er mich eigentlich hätte durchfahren lassen müssen.
Hey, ich habe doch Vorfahrt. Also lasse ich meinem Frust freien Lauf, hupe und signalisiere ihm „freundlich", dass doch hier rechts vor links ist.

Wie ist seine Reaktion? Kopf schütteln, Vogel zeigen und sich aufregen, was ich den überhaupt wolle.
Ach so, war also mein Fehler. Tut mir leid, dass ich von rechts komme und Vorfahrt habe. Entschuldigung, dass ich hier gerade lang fahre. Ich bin aber auch ein Depp, ich könnte ja auch woanders lang fahren.

Ist das nicht erschreckend? Wir sind im Recht, aber das interessiert keinen. Was sollen wir dagegen tun? Sollen wir dem anderen das nächste Mal einfach ins Auto fahren, damit er merkt, das geht so nicht? Sollen wir ihn anzeigen, damit er von offizieller Seite erfährt, was er falsch gemacht hat? Nein. So jemand sind wir nicht. Also, was machen wir?

Wir fahren weiter und rechnen damit, dass wir unser gutes Recht beim nächsten Mal wieder nicht wahrnehmen können.

Das heißt, entweder wir leiden und sind frustriert, weil doch alle so schlecht sind oder wir nehmen es so hin und denken uns unseren Teil.
Was ist die passende Verhaltensweise in solchen Situationen? Wie reagieren Sie, wenn Ihnen einer die Vorfahrt nimmt? Ganz ruhig und gelassen? Ist das wirklich so?

Die Realität ist doch so, dass an der nächsten Kreuzung, der nächsten Ampel, es weiter geht mit den Kuriositäten des Straßenverkehrs. Worauf will ich jetzt hinaus?

Kennen Sie z.B. auch diese „an die Ampel-Roller"? Kennen Sie nicht? Doch mit Sicherheit. Ich meine diejenigen, die schon ca. 100 Meter vor der roten Ampel langsamer werden, noch langsamer werden - ich meine nicht das normale Abbremsen vor einer roter Ampel – sondern am besten noch auskuppeln, Fuß vom Gas und den Wagen zur Ampel rollen lassen. Die bleiben dann auch meistens 3 Meter vor der Haltelinie stehen.

Jetzt wissen Sie wen ich meine. Sind das ältere Leute, die es einfach ein bisschen gemütlicher angehen lassen wollen? Nein. Es kann jeder sein. Liegt das nur an mir oder nervt das extrem?

Zählt das noch unter vorausschauendes Fahren oder ist das einfach nur ein rollendes Hindernis, im wahrsten Sinne des Wortes? Diese Spezialsten gibt es auch immer wieder in den normalen Staus.
Immer schön viel Platz lassen zum Vordermann. Schön den Stau noch länger machen. Prima!

Was können wir dagegen tun? Nichts! Was bringt es, den anderen anzuhupen? Nichts! Im Gegenteil, der tritt noch zusätzlich auf die Bremse, weil er sich von uns genötigt fühlt. Er macht doch aus seiner Sicht nichts falsch.
Und schon eskaliert die ganze Sache wieder. Also auch hier die Frage. Regen wir uns darüber auf oder stehen wir über den Dingen? Beantworten Sie es selbst.
Noch mal kurz zurück zum Thema Abbiegen. Dazu gehört ja auch das Fahrspuren wechseln, in Kreisverkehre ein- und ausfahren, Einparken und Ausparken, und vieles mehr. Was denken Sie, worüber ich jetzt gleich schreibe?
Richtig, das Blinken. Oder besser gesagt, das Nichtblinken! Okay, wir haben aller sicher schon mal vergessen zu blinken. Das meine ich nicht. Ich meine die Damen und Herren, die einfach zu faul oder sagen wir es ganz offen, zu unfähig sind zu blinken. Zu extrem? Nein.

Es gibt hunderte von Fällen, die ich Ihnen hier schildern könnte. Also auch hier wieder nur ein paar Beispiele: Welche Typen von „Blinkern" gibt es?

Zum einen gibt es die absoluten Verweigerer. Egal wo die sich befinden, geblinkt wird grundsätzlich nicht. Man müsste ja die Hand zum Hebel bewegen, das geht doch nicht. Da wird lieber telefoniert, am Navi rumgespielt oder sonst was gemacht, aber auf keinen Fall geblinkt. Warum auch? Der andere sieht doch wohin ich fahre, das muss doch reichen. Ich selber weiß doch wo ich hin will.

Früher habe ich von meiner Großmutter öfter den Satz gehört: „Ach das ist wieder ein Mercedes mit eingebauter Vorfahrt, der muss nicht blinken."
Kennen Sie diesen Satz auch? Ich habe mich als kleiner Junge immer gefragt, was sie damit meint, denn so richtig verstanden habe ich das erst später.

Das trifft heute auf jeden Fahrzeugtyp und jeden Fahrertyp zu. Nicht das wir uns falsch verstehen, ich möchte nicht alle Autofahrer über einen Kamm scheren. Ich will damit nur sagen, es kann jeder sein. Außer uns. Uns kann man so etwas nicht nachsagen oder? Wir sind ja schon nah dran am perfekten Autofahrer!

Wahrscheinlich sagen das alle anderen Autofahrer auch. Die denken vielleicht, dass manche Sachen nicht so wichtig sind. Aber mit dem Denken ist das auch so eine Sache. Wir wollen aber nicht abschweifen. Zurück den „Blinkern".

Der andere Typ ist der „in letzter Sekunde" Blinker. Wen meine ich damit? Und an welche Situationen denke ich?
Kennen Sie die Fahrer, die ohne zu blinken auf eine gekennzeichnete Abbiegespur fahren? Die Ampel ist rot, der Blinker ist „tot". Es wird grün und jetzt funktioniert der Blinker auf einmal!?
Na klar, ich habe doch mal in der Fahrschule gelernt, dass ich dem entgegenkommenden Verkehr signalisieren muss, da will einer abbiegen. So weit so gut. Aber was ist mit uns? Die, die wir hinter dem Abbiegenden fahren? Sollten wir nicht auch wissen, dass da jemand in die eine oder andere Richtung fahren will? Wäre doch nicht schlecht oder?

Aber bitte, wir wollen dem anderen keinen Vorwurf machen. Immerhin hat er ja geblinkt, wenn auch zu spät, aber gut. Dieses Verhalten sieht man auch sehr häufig auf Deutschlands Autobahnen. Wir alle kennen doch die Abfahrten, die ab 300 Meter gekennzeichnet sind.

300 Meter, 200 Meter, 100 Meter und Abfahrt. Sind die eigentlich nur dazu da, um uns zu sagen, gleich kommt die Abfahrt? Nein. Auch da hilft einem die Fahrschule weiter. Sie lehrt uns nämlich, spätestens ab dem 300 Meter Schild den Blinker zu setzen, um dem nachfolgenden Verkehr zu zeigen, da will gleich einer runter von der Autobahn.

Jetzt werden Sie vielleicht sagen, ja gut das ist richtig, aber da ist das ja nicht ganz so wichtig, wie in der Stadt. Doch, ist es. Nur ein Beispiel dazu.

Autobahn, keine Geschwindigkeitsbeschränkung, relativ viel Verkehr, einige Lkw auf der rechten Spur, dazwischen immer wieder langsamere Autos. Wir fahren auf der linken Spur. Kommt Ihnen das so weit bekannt vor?
Ist es Ihnen auch schon mal passiert, dass auf einmal ein Auto, das zwischen zwei Lastwagen fährt, kurzfristig auf die linke Spur ausschert, mit oder ohne Blinker? Da geht man schon mal in die Eisen. Lichthupe, Hupe und regt sich zu Recht auf. Zu Recht! Denn solche Situationen können lebensgefährlich sein. Nicht nur, wenn einer mit 200 Sachen auf der linken Spur unterwegs ist, sondern auch bei geringerem Tempo haben solche Manöver leider schon häufig schwere Unfälle ausgelöst.

Das heißt also, wenn jemand, der zwischen diesen Lkw fährt, frühzeitig signalisiert, dass er gleich abfährt, dann können wir einigermaßen sicher sein, dass der nicht gleich noch ausschert, um den Lkw zu überholen. Wobei möglich ist alles.
Es hat auch schon Situationen gegeben, dass einer den Blinker rechts gesetzt hat und nach links ausschert.

Verstehen Sie mich bitte nicht falsch, ich möchte hier nicht als Oberlehrer der Nation rüber kommen, der alles besser weiß, kann und auch macht. Nein, darum geht es nicht. Jeder macht Fehler. Manche bewusst, die meisten vielleicht sogar unbewusst.

Wenn wir alle wieder bewusster Autofahren, dann passieren solche Sachen seltener, wir müssen uns weniger aufregen, können entspannter Autofahren und haben unterm Strich auch wieder mehr Freude bei der Fahrt.

Und wenn Sie sich an unsere Eingangsfragen erinnern, war ja genau das unser Ziel. Leider gibt es aber immer wieder so viele Situationen, egal ob auf der Autobahn oder in der Stadt, die uns zur Weißglut treiben. Wir regen uns automatisch auf. Wir wollen es vielleicht gar nicht, aber es passiert einfach.

Was regt uns denn noch so alles auf im Straßenverkehr?

Alles? Nein, kommen Sie. Es gibt doch bestimmt auch Momente, in denen Sie ganz entspannt in Ihrem Auto sitzen. Keiner nervt Sie. Keiner drängelt Sie ab. Keiner, der in irgendeiner Art und Weise seltsam Auto fährt!?
Ein Wunschtraum sagen Sie?

Meistens ist das leider ein Wunschtraum, das stimmt. Wenn ich an meine Erfahrungen denke, kann ich die Momente oder besser gesagt, die Fahrten an einer Hand abzählen, an denen nicht irgendetwas Kurioses passiert ist. Irgendwas ist doch immer. Wie geht es Ihnen? Haben Sie ähnliche Erfahrungen?

Oder bleiben uns die negativen Erlebnisse nur besser im Gedächtnis und die guten, schönen Erinnerungen speichern wir gar nicht mehr ab?
Wann haben Sie sich das letzte Mal bewusst über etwas gefreut? Ich meine natürlich während der Autofahrt, nicht allgemein. Wann haben Sie sich über eine „grüne Welle", über einen Autofahrer, der Sie einscheren lässt oder einfach nur über das schöne Wetter während der Fahrt gefreut?

Das ist doch langweilig? Freuen kann sich jeder. Lassen Sie uns lieber aufregen. Da kann man so schön seinen ganzen Frust rauslassen.

Da fällt mir gerade etwas ein, passend zum Thema „Aufregen".

Regen Sie sich auch immer über diese „Unfallglotzer" auf? Sie wissen, wen ich meine. Diejenigen, die egal ob auf der Autobahn oder in der Stadt, am liebsten anhalten würden, um zu sehen, was da genau passiert ist. Sie würden das ja nicht machen oder? Sie sind doch kein so genannter „Katastrophentourist"?
Ich hoffe doch nicht. Denn was bringt es einem, wenn er einen Unfall sieht, dort bewusst so langsam zu fahren, um nur ja alles zu sehen, am besten noch das Blut spritzen zu sehen? Was soll das?
Was haben diese Menschen davon? Ich will doch so etwas gar nicht sehen. Davon bekommt man doch nur Albträume.

Mal abgesehen davon, dass das auch für den anderen Verkehr ganz schön gefährlich sein kann, wenn da irgendein sensationsgeiler Mensch einfach mal stark abbremst, nur um zu sehen, wie sie gerade ein Unfallopfer aus dem Auto schneiden.

23

Wie oft habe ich auf der Autobahn schon die Situation erlebt, dass auf der Gegenfahrbahn ein Unfall war und auf meiner Seite auf einmal abrupt gebremst wird, obwohl auf meiner Seite gar nichts passiert ist. Das kann doch lebensgefährlich sein. Das Gleiche gilt für den Stadtverkehr doch genauso.

Sie wollen gucken, ob Sie helfen können? Ach so. Na dann bitte. Dann aber auch anhalten, aussteigen und wirklich helfen. Das ist sehr nobel von Ihnen. So soll es ja auch sein. Wenn Not am Mann ist, jemand Hilfe braucht, ist das ja auch alles in Ordnung. Leider habe ich aber auch schon die Situationen erlebt, in denen Gaffer den Verkehr so behindert haben, dass der Krankenwagen gar nicht bis zum Opfer durch kam. Und in solchen Momenten können Sekunden über Leben und Tod entscheiden.
Wenn Sie helfen wollen, prima. Wenn schon Hilfe vor Ort ist, dann halten Sie doch bitte Ihre Neugierde in Grenzen und verursachen nicht noch mehr Stau oder sogar einen weiteren Unfall.

Übrigens Stichwort Unfall, bzw. Krankenwagen, Feuerwehr und Polizei. Wie oft haben Sie schon erlebt, dass besagte Fahrzeuge nicht weiter kamen? Also, im Verkehr stecken blieben, nicht richtig durchgelassen wurden oder völlig überhört wurden?

Woran liegt das?

Im „normalen" Stau wird das schon mal schwierig für Rettungswagen. Wobei es ja auch dazu in der Fahrschule klare Regeln gibt, die wir alle mal erlernt haben. Die allerdings die meisten von uns anscheinend auch schon wieder vergessen haben.

Ich meine jetzt nicht die klassische Situation auf der Autobahn. Stau. Gasse bilden, damit Rettungsfahrzeuge durchfahren können. Das ist doch einfach. Oder? Okay, auch wenn es einfach ist, machen es viele nicht. Die fahren, bzw. stehen im Stau so versetzt, damit Sie auch ja alles mitbekommen, was vor ihnen passiert. Was eventuell hinter ihnen passieren könnte, daran denken viele Autofahrer erst gar nicht.

Apropos denken. Ist Ihnen eigentlich bekannt, dass wir Menschen nicht nur durch Einbahnstraßen fahren, sondern dass wir auch in Einbahnstraßen denken!?
Ganz genau, **wir Menschen denken in Einbahnstraßen**. Wir sind nicht in der Lage bewusst an mehrere Dinge gleichzeitig zu denken.
Man sagt ja Frauen nach, dass sie mehrere Dinge gleichzeitig tun können (Stichwort: Multitasking).

Aber an mehrere Dinge gleichzeitig denken können sie auch nicht.

Wir kennen das ja vielleicht von uns selbst. Wir sitzen vor dem Fernseher, haben die Zeitung in der Hand, essen ein Stück Kuchen, streicheln den Hund und reden mit der Frau oder umgekehrt. Wir machen viele Sachen gleichzeitig, aber die Frage ist: Was machen wir davon bewusst?
Wahrscheinlich gar nichts.

Wenn ich Sie jetzt fragen würde:
Wo waren Sie letzten Sonntag um 15.00 Uhr? Was würden Sie dann antworten?

Und war das dort und zu diesem Zeitpunkt angenehm für Sie?

Haben Sie jetzt, in diesem Moment, als Sie an den Sonntag gedacht haben, noch an dieses Buch gedacht?
Nein? Sehen Sie. Wir sind nicht in der Lage bewusst an mehrere Dinge gleichzeitig zu denken.

Möglicherweise ist das auch ein Grund dafür, warum immer wieder so viele chaotische und gefährliche Situationen im Straßenverkehr entstehen.

Ein dazu passendes, sehr lustiges, aber auch zum Nachdenken anregendes Beispiel ist das Navigationssystem. Es soll uns helfen, den schnellsten Weg von A nach B zu finden, bzw. überhaupt zu einem Ziel zu finden. Hört sich im ersten Moment ja auch prima an. Wir müssen uns nicht mit der Suche nach Straßennamen und Straßenschildern aufhalten. Geschweige denn, eine Straßenkarte zur Hilfe nehmen, um den richtigen Weg zu finden.

Straßenkarten kennen Sie doch noch oder? Die Älteren unter uns sind damit aufgewachsen. Für die Jüngeren. Alles das, was Ihr auf dem Navi seht, das gab es mal in Papierform. Also, vielleicht nicht alles, aber die Straßen und die Orte standen darauf.
Und diesen Straßenplan musste man erst mal lesen können.

Ich erinnere mich immer wieder gern, wie meine Frau zur mir gesagt hat. „Nimm' Du den Straßenatlas, ich kann das nicht lesen, ich weiß doch gar nicht wo wir sind und wie rum man das halten muss." Kennen Sie das?
Das ist ein Zeichen dafür, dass es vielen Menschen nicht möglich ist, mehrere Dinge gleichzeitig zu tun und absolut unmöglich ist, an mehrere Dinge gleichzeitig zu denken.

Mal abgesehen davon, dass meine Frau sowieso keinen Orientierungssinn hat, aber das ist ein anderes Thema.

Worauf wollte ich eigentlich hinaus?
Wie oft hört oder liest man in den Nachrichten: Navi lenkt Autofahrer in den Wald. Navi führt Lkw-Fahrer in den Fluss. Usw., usw. Ja, was ist denn da los? Machen Sie alles, was Ihr Navigationssystem Ihnen sagt, ohne nachzudenken und zu schauen, wo Sie hinfahren?

Nein, Sie natürlich nicht. Aber der eine oder andere anscheinend schon. So viel zum Thema **„Menschen denken in Einbahnstraßen"**. Wenn das Navi mir das sagt, dann wird das schon richtig sein. Also, blinder Gehorsam.

Was lernen wir daraus?
Die neuesten technischen Möglichkeiten sind immer nur so gut, wie derjenige, der sie bedient oder nutzt. Zumindest noch. Bald gibt es bestimmt die Möglichkeit sich von seinem Auto chauffieren zu lassen, so dass man nichts mehr machen muss, außer ein- und aussteigen. Aber dazu später mehr.

Leider ist aber auch dieses Hilfsmittel ein weiterer Faktor, der uns vom Autofahren ablenken kann. Genauso wie viele andere Dinge auch, zu denen wir gleich noch kommen werden. Wie oft sieht man Menschen, die wild auf ihr Navigationssystem eindreschen? Die tippen da minutenlang drauf rum. Normalerweise müsste das doch mit ein paar Handgriffen erledigt sein. Aber nein, man kann ja so schöne Sachen damit machen. Baustellen und Staus abrufen, Blitzermeldungen überprüfen und vieles mehr.

Manche, größtenteils junge Menschen, nutzen ihr Handy auch als Navi. Mittlerweile geht auch das. Noch eine Möglichkeit mehr, was man so alles mit seinem Handy während der Fahrt machen kann.

Jetzt stellen wir uns vor, da ist eine junge Dame vor mir, die Ihr Handy als Navi nutzt, nebenbei noch SMS schreibt, im Internet die neuesten Klatschnachrichten liest und manchmal auch noch damit telefoniert. Ach so, und dabei noch fährt. Also mehr oder weniger. Aber wie soll man sich da noch auf das Autofahren und den Straßenverkehr konzentrieren? Das kann doch gar nicht gehen.

Das trifft übrigens alles auch auf uns Männer zu.

Die Herren der Schöpfung können solche Sachen auch sehr gut. Vor allem ist es die „junge" Generation, die ja mit diesem ganzen technischen Schnickschnack aufwächst. Für die ist das alles ganz normal.

Früher gab es keine Einparkhilfe, keine Rückfahrkameras oder Navis? Ja liebe Leute, das stimmt. Früher gab es sogar Autos ohne Servolenkung. Da musste man noch richtig zupacken, wenn man ein oder ausparken wollte. Ihr wisst gar nicht wie gut Ihr es heute habt.

Verstehen Sie mich bitte nicht falsch. Das soll nicht heißen, dass früher alles schlecht war oder dass heute alles toll ist. Jede Zeit hat etwas für sich.

Wobei in der heutigen Zeit das Thema „eigenes Auto" anscheinend nicht mehr den Stellenwert hat, wie es zu meiner Jugend mal war. Warum ist das so?

Ist alles einfach zu teuer geworden? Allein die Anschaffung eines Autos ist für viele eine Herausforderung. Und wir reden hier nicht nur über Neuwagen. Und dann noch die ganzen Kosten für den Unterhalt. Benzin, Versicherung und Steuern. Eventuelle Reparaturen, neue Reifen, TÜV, usw.

Warum gibt es denn immer mehr so genannte Mitfahrzentralen oder Carsharing Unternehmen? Mittlerweile sieht man an fast jeder Ecke diese Kleinwagen mit Ihren Aufklebern. Bei diesen Anbietern können Sie sich registrieren, gucken im Internet, wo ein verfügbares Auto in Ihrer Nähe steht, fahren mit diesem Fahrzeug und stellen es dort einfach wieder ab. Das einzige, was Sie bezahlen, sind die gefahrenen Kilometer. Für viele Menschen eine sehr praktische und auch rentable Angelegenheit.

Auf der anderen Seite locken Autohändler gerade junge Kunden sehr gern mit ihren Nullprozent-Finanzierungen. Aber wer will sich schon gern für ein Auto verschulden?

Früher wurde so lange gespart, bis man sich das erste Auto leisten konnte. Okay, oft waren diese Fahrzeuge fast Schrottreif. Egal, Hauptsache ein eigenes Auto. Heute können Sie als junger Mensch doch nicht mit einer „Schrottkarre" für 1000,-- Euro in der Schule oder an der Uni aufkreuzen. Da muss es schon ein stylisches und trendiges Fahrzeug sein. Egal, wo die Kohle herkommt. Wenn man so etwas nicht hat, ist man schon unten durch.

Wir merken auch hier wieder, dass das eigentlich ein Widerspruch in sich ist. Die Gesellschaft verleitet uns dazu, immer das neueste Auto, das aktuellste Handy oder die hippsten Klamotten zu haben. Wie wir uns das auf Dauer alles leisten sollen, das sagt uns kein Mensch.

Zu meiner Jugend gab es so schöne Aufkleber, auf denen z.B. stand: Alt, aber bezahlt! Oder: Sponsored by Oma!

Heute müsste wahrscheinlich bei der Hälfte der Fahrzeuge drauf stehen: Geleast oder Finanziert! Aber auch hier die Frage: Wen interessiert es? Wen interessiert, wie ich mein Auto erworben habe? Soll doch jeder machen, wie er will.

Manche entscheiden mit dem Kopf, d.h. mit dem Bewusstsein. Die rechnen das Ganze rauf und runter, ob das auch wirklich finanzierbar ist. Andere wiederum entscheiden das aus dem Bauch heraus. Ganz nach dem Motto. Ich will das unbedingt haben. Wird schon irgendwie funktionieren.

Ist Ihnen zufällig bekannt, wie viele Entscheidungen von uns Menschen aus dem Bauch heraus getroffen werden?

Es sind ca. 80% aller Entscheidungen, die wir aus dem Gefühl, aus dem Bauch heraus machen. Und nur ca. 20% werden durch unseren Verstand getätigt. Ist das nicht erschreckend? Was können wir für uns daraus mitnehmen?

Menschen urteilen gefühlsmäßig.

Uns genügen vier fünf positive Impulse und wir schreien hurra. Uns genügen vier fünf negative Impulse und wir verdammen das Ganze.
Und genauso gefühlsmäßig, wie wir unsere Entscheidungen treffen, genauso gefühlsmäßig reagieren wir auch im Straßenverkehr.

Da ist mal wieder Stau. Was machen wir? Wir fluchen. Da ist schon wieder rot. Wie reagieren wir? Wir ärgern uns. Das ist mal wieder eine Baustelle. Was denken wir? Das darf doch nicht wahr sein!

Alles Reaktionen, die aus Gefühlen entstehen. Das ist ja auch ganz normal und menschlich. Aber oftmals auch sehr gefährlich. Es bringt uns in Rage. Wir werden wütend. Wir bekommen einen hochroten Kopf und viel zu hohen Blutdruck. Werden aggressiv oder sind frustriert. Nur aus einem einfachen Grund. <u>Wir Menschen urteilen und handeln gefühlsmäßig.</u>

Und wenn wir uns dessen bewusst sind, dass unser Handeln und auch die Reaktionen und Verhaltensweisen unserer Leidensgenossen durch ihre Gefühle bestimmt werden, dann fällt es uns mit Sicherheit leichter, in angespannten oder stressigen Situationen ab sofort viel ruhiger und gelassener zu reagieren.

Wie können wir das also konkret beeinflussen?

Den Verstand einschalten? Das Bewusstsein wieder Herr über uns werden lassen? Das wäre eine sehr gute Möglichkeit. Das ist nur oftmals leichter gesagt als getan. Denn, wenn wir uns einmal überlegen, wie viele Situationen es tagtäglich gibt, über die wir uns wunderbar aufregen können, dann fällt es dem Bewusstsein ganz schön schwer, gegen diese verschiedensten Gefühle anzukämpfen.

Ich hatte ja eingangs von einem Merksystem gesprochen. Die nachfolgenden Seiten werden Sie zu diesem Merksystem hinführen. Es wird aus praktischen Werkzeugen bestehen und aus Leitsätzen, die sich mit der richtigen inneren Einstellung von uns Menschen beschäftigen. Wir werden zu den erwähnten Gegebenheiten und zu vielen weiteren Situationen praktische Werkzeuge erarbeiten.

Wir werden uns dem Ganzen mit weiteren Beispielen nähern, um für uns zu analysieren, warum Menschen so handeln, wie sie es tun oder warum Situationen entstehen, die eigentlich so nicht sein müssten. Meine Frau sagt in solchen Momenten häufig zu mir: „Dann lass doch das Auto stehen. Gehen wir zu Fuß oder fahren mit der Bahn." Das wäre gar nicht so verkehrt, das öfter zu machen, denn laut einer Studie des „British Medical Journal" macht Autofahren dick!

Männer und Frauen, die den öffentlichen Nahverkehr nutzen, wiegen im Schnitt 3, bzw. 2,5 Kilogramm weniger, als diejenigen, die mit Auto zur Arbeit fahren. Warum das so ist?
Vielleicht weil durch das viele Aufregen, die Gefahr größer ist zu Süßigkeiten und Fastfood zu greifen. Das ist aber nicht Bestandteil der Studie gewesen. Das ist nur so ein Gedanke von mir. Also ab sofort regen wir uns weniger auf oder?

Wobei die nächste Situation des sich Aufregens nicht lange auf sich warten lässt. Vorbei an dem künstlichen Stau, der durch die vorhin angesprochenen Gaffer verursacht wurde, geht es direkt weiter. Ein Auto steht vor mir an der roten Ampel. Es wird grün, aber der Wagen vor mir fährt nicht los.

Also hupe ich nach ein paar Sekunden. Ich hupe bewusst kurz. Kann ja mal passieren, dass man in Gedanken ist. Ist uns ja wahrscheinlich allen schon mal passiert.

Wie ist die Reaktion der vor mir fahrenden, bzw. stehenden jungen Dame?
Erbost darüber, dass ich es wage sie anzuhupen, gestikuliert sie wild, was ich denn überhaupt wolle. In Ihrer rechten Hand kommt im selben Moment ein Handy zum Vorschein.

Oh, Verzeihung bitte. Habe ich Sie beim SMS schreiben gestört? Das tut mir aber leid, das wollte ich nicht. War mein Fehler. Ich hätte ja auch warten können, bis Sie fertig gewesen wären. Dieser Stress aber auch immer. Richtig, wann und wo sollen Sie auch sonst SMS schreiben. Im Auto an der Ampel ist doch der beste Zeitpunkt, da hat man ja sonst nichts zu tun.

Auf der einen Seite verfluche ich diese Handys ja. Gerade wenn es um solche Situationen geht.
Auf der anderen Seite können diese Dinger auch hilfreich sein, um Leben zu retten. Auch dafür gibt es ja genügend Beispiele aus der Praxis, in denen ein Handy Menschen das Leben gerettet hat.

Aber so, wie einige, speziell auch junge Menschen, Frauen und Männer, es machen, das heißt, mit dem Handy in der einen Hand und dem Lenkrad in der anderen Hand, durch den täglichen Verkehr zu fahren, ist doch purer Wahnsinn.

Sie fühlen sich gerade angesprochen?
Ist doch gut so. Genau so soll es sein. Vielleicht denken Sie mal darüber nach, was das soll und wie gefährlich das Ganze sein kann? Und wenn Sie die junge Dame vor mir waren. Bitte haben Sie Mitleid mit uns. Mit denen, die einfach nur ihr Auto bewegen, um von A nach B zu gelangen. Seien Sie sich bewusst, dass Sie ein schlechtes Beispiel für alle Fahranfänger sind. Sollten wir nicht eher ein Vorbild sein?

Okay, als ich ein junger, dynamischer Autofahrer war, war ich vielleicht auch nicht gerade ein Vorbild für andere. Sie haben ja Recht, da denkt man wahrscheinlich gar nicht so weit. Aber möglicherweise denken wir nach diesem Buch auch wieder mehr an andere, bzw. an unsere Wirkung, die wir auf andere Menschen unbewusst haben.

Unterm Strich haben wir nämlich ein Ergebnis, dass für beide Seiten nicht zufriedenstellend sein kann.

37

Die Dame regt sich über mich auf. Ich rege mich über sie auf. Und keinem geht es dadurch besser. Im Gegenteil. Diesen Ärger und Frust transportieren wir weiter zu den nächsten Spezialisten, denen wir sicher in ein paar Metern begegnen werden.

Spätestens wenn der Nächste sich vor uns reindrängeln will, obwohl er eigentlich gar keinen Platz hat. Dann wird es wieder ganz schnell hitzig. Es soll ja Menschen geben, die denken, wenn sie blinken, dass sie dann auch einfach fahren dürfen. Egal, was um sie herum passiert. Blinker links und rein in die Schlange. Ohne Rücksicht auf Verluste. Der Andere wird schon bremsen, der will ja schließlich nicht sein Auto demolieren. Kennen Sie solche Situationen?

Da kann man sich doch wieder mal so richtig aufregen. Dieser Vollidiot, wieso fährt der einfach rüber? Also Hupe bis zum Anschlag gedrückt und nicht nur kurz, sondern so lange bis der Arm schwer wird. Zu Recht oder?

Wenn Sie Pech haben, fühlt sich der vor Ihnen jetzt so provoziert, dass er erst mal anhält, aussteigt und mit Ihnen ein paar nette Worte wechseln will. Oder vielleicht auch schlimmeres. Er hat doch geblinkt, da muss man ihn doch reinlassen.

Na klar, wenn irgendwo das Reißverschlußverfahren zum Tragen kommt, dann wäre das ja alles kein Problem. Aber meistens passieren solche Dinge an Stellen, wo man genau weiß, dass der andere weiß, dass dort eine Abbiegespur kommt, dass da immer parkende Autos in zweiter Reihe stehen oder ähnliches.
Also ist es doch nur nachvollziehbar, dass wir uns über solche Verkehrsrowdies aufregen. Obwohl wir uns doch eigentlich weniger aufregen wollten.

Apropos weniger aufregen: Ich habe mal einen sehr interessanten Menschen kennengelernt, der zu diesem Thema einen sehr wichtigen Satz gesagt hat. Und zwar folgenden:

„Ich bin in meinem Leben mittlerweile so weit, über wen oder was ich mich ärgere, das bestimme ich immer noch selbst!"

Und an diesem Satz ist so viel Wahres dran. Was bringt es mir, mich aufzuregen? Besonders im Straßenverkehr. Wir regen uns auf, haben einen hochroten Kopf, der Blutdruck steigt und was bringt es uns? Nichts. Der andere sieht, dass wir uns aufregen, lacht sich über uns kaputt. Also noch mal die Frage, was bringt es uns? Nichts.

Jetzt könnten Sie natürlich sagen, ja aber meine Wut und mein Zorn muss doch irgendwie raus, das kann ich doch nicht alles in mich hineinfressen?
Das ist richtig. Doch muss es im Auto sein, im sowieso schon chaotischen Feierabendverkehr? Nein. Es wird niemals dazu beitragen, ruhig und entspannt zu Hause oder bei der Arbeit anzukommen.

Wenn Sie Ihrem Ärger Luft machen wollen, dann nutzen Sie bitte andere Mittel und Wege dazu. Der eine macht das bei unterschiedlichen Sportarten, der andere geht in seinen Keller und schreit ein paar Mal und dann geht es ihm besser. Und der nächste findet seine Kraft und Ruhe in irgendwelchen Hobbys. Jeder sollte irgendein Ventil haben, um aufgestaute Energien herauszulassen.

Nur tun Sie mir bitte einen ganz wichtigen Gefallen. Lassen Sie es nicht an Ihren Partnern oder Ihrer Familie aus. Das wäre das Schlimmste, was passieren kann.
Oder Sie vermeiden es einfach, negative Gedanken im Kopf zu haben. Wie kann das gehen. Ganz einfach. Zwei Sätze dazu:

„Unrat vorbeiziehen lassen" und **„ Positive Gedanken verlängern"**. Was ist damit gemeint?

Das bezieht sich zum Teil auf den Satz: <u>Ich bin in meinem Leben mittlerweile so weit, über wen oder was ich mich ärgere, bestimme ich immer noch selbst.</u>

Denn die Frage ist: Muss ich mich über jede Kleinigkeit, muss ich mich über jeden Autofahrer, der einen Fehler macht, so aufregen, dass ich selbst unkonzentriert unterwegs bin und eventuell auch Fehler mache?
Oder kann ich diese Dinge mit einem Lächeln hinnehmen und mir sagen, es gibt schlimmeres. Hört sich leichter an, als es ist, meinen Sie. Nein. Alles eine Sache der Übung, d.h., des bewussten Anwendens.
Denn nur die Sachen, die wir bewusst machen, können uns in unserem Verhalten einen Schritt weiter bringen. Denn dann gehen sie nachher ins Unterbewusstsein über und werden von uns automatisch gemacht. Sie hätten gern ein Beispiel dazu? Sehr gern.

Stellen wir uns einmal folgende Situation vor:
Vor Ihnen fährt ein Auto etwas seltsam. Was ist damit gemeint? Es fährt mal langsam, mal etwas schneller, bremst zu früh oder zu spät, fährt zu langsam an, lässt riesigen Abstand zum Vordermann.

41

Es hält den fließenden Verkehr auf, wechselt Spuren ohne zu Blinken. Also ein ganz normaler Autofahrer. Nein, Spaß beiseite. Ein Spezialfall! Kein Betrunkener. Dann wäre es zu einfach, das zu erklären. Anders gesagt ein Paradefall, über den wir uns stundenlang aufregen könnten oder?

Aber genau jetzt in diesem Moment, in dem Sie entdecken, ach da sitzt mal wieder einer im Auto, Telefon in der einen Hand, Zigarette in der anderen Hand, da machen wir folgendes:
Wir haben die Möglichkeit diesen Fahrer zu überholen, schauen freundlich rüber, zeigen nicht den Vogel, sondern wir Lächeln. Genau, Sie haben richtig gelesen, wir schauen freundlich rüber, lächeln den anderen an, denken uns unseren Teil, ohne etwas laut auszusprechen und fahren befreit weiter.
Ist das nicht herrlich? Wir haben einem Menschen eine Freude gemacht, in dem wir nett rüber lächeln, wir haben uns selbst nicht bis zu Weißglut aufgeregt, sondern wir haben einfach **Unrat vorbeiziehen lassen.**

Es kann natürlich passieren, dass Sie von Ihrem Gegenüber einen verwunderten Blick zurückbekommen, weil er sich denkt, warum lächelt der mich an?

Wobei er oder sie das wahrscheinlich gar nicht mitbekommt, weil es ja wichtigere Dinge gibt, die gerade während der Fahrt erledigt werden müssen.

Also, wir ärgern uns nicht, sondern wir freuen uns doch lieber über das schöne Wetter, die gute Musik, auf das abendliche Treffen mit wem auch immer, auf die Kollegen, Kunden, die Mittagspause, das Eis, den Kaffee, usw, usw.
Das heißt, erfreuen wir uns an den positiven, den schönen Dingen des Lebens. Natürlich ist es leichter, sich aufzuregen, sich zu ärgern. Da gibt es täglich tausend Dinge, über die wir uns aufregen könnten. Aber was bringt es uns? Nichts! Ich wiederhole mich da gern. Wobei die Erfahrung der Praxis zeigt, dass es manchen Menschen gar nicht so leicht fällt, sich zu freuen.
Lassen Sie uns deshalb einmal einen kurzen Test machen:

Nehmen Sie bitte mal ein leeres Blatt zur Hand, schreiben in Großbuchstaben folgende Überschrift auf: **WARUM FREUE ICH MICH?**

Wenn Sie das getan haben, schreiben Sie bitte mal nur <u>drei</u> Gründe auf, warum Sie sich freuen. Und zwar heute, jetzt an diesem Tage.

Nicht auf etwas, was in der Zukunft liegt, sondern heute hier und jetzt. Egal ob private oder berufliche Gründe. Zeit dafür 3 Minuten. Los, Buch beiseite legen und <u>drei</u> Gründe aufschreiben……….
Nicht weiterlesen. Blatt nehmen, Frage aufschreiben und 3 Gründe notieren………

Zeit ist rum. Und? Haben Sie es geschafft, ohne Probleme drei Gründe zu notieren?
Dann Glückwunsch.

Wenn Sie es nicht geschafft haben, dann machen Sie es bitte noch mal, nehmen Sie sich mehr Zeit und denken Sie auch an die Dinge, die Ihnen als normal oder alltäglich erscheinen. Auch die sind es Wert, sich wieder bewusst ins Gedächtnis zu rufen. Normalerweise sollte es und gelingen problemlos dort fünf oder zehn Gründe aufzuschreiben, warum wir uns freuen.

Vielleicht sind Sie aber auch jemand, der oben drüber lieber schreiben würde: Was ärgert mich oder was stört mich? Und dann könnten Sie zwanzig oder dreißig Sachen dort aufschreiben, aber darum geht es nicht. Sondern es geht auch um den Zusatzpunkt, sozusagen um das Kleingedruckte:

Wie will ich andere motivieren, wenn ich selbst nicht motiviert bin, d.h., wenn ich keinen Grund gefunden habe. mich zu freuen?

Wie soll das funktionieren?

Wie will ich meine Familie motivieren mit mir Spaß zu haben, wenn ich abends genervt von der Autofahrt nach Hause komme? Wie will ich meine Kollegen motivieren, mit mir zusammen zu arbeiten, wenn ich morgens schon frustriert ins Büro komme? Wie will ich meine Kunden motivieren, mit mir Geschäfte zu machen, wenn ich unbewusst negative Energie ausstrahle? Wie soll das funktionieren? Das kann doch gar nicht gehen.

Also, aus dieser wichtigen und logischen Erkenntnis heraus resultierend meine Aufforderung an Sie. Regen Sie sich nicht mehr über jeden und alles auf, sondern fragen Sie sich lieber direkt, wenn Sie Wut oder den Zorn verspüren, lohnt sich das, sich jetzt darüber zu ärgern? Wenn Sie zu der Erkenntnis kommen, nein, dann stellen Sie sich die Frage:
Warum freue ich mich?
Und bitte immer daran denken. Die Frage heißt nicht worauf freue ich mich, sondern warum freue ich mich, das heißt, hier und jetzt.

Ist das nicht schön? Sofort geht es uns besser. Wir sind nicht mehr die Dummen, die mit hochrotem Kopf durch die Straßen fahren. Wir sind die entspannten, die relaxten Autofahrer, die gern im Auto sitzen, denen der Stau nichts mehr anhaben kann und auch der andere Autofahrer, mit allen seinen Tücken, uns nicht aus der Ruhe bringt.

So weit zur Theorie. Umsetzen in die Praxis müssen Sie das selbst. Wie bitte? Sie brauchen dazu noch mehr? Noch mehr was? Mehr Anreiz? Mehr Selbstkontrolle? Mehr festen Willen?

Was glauben Sie denn, ist für die erfolgreiche Umsetzung solcher Methoden oder auch anderer Verhaltensweisen ausschlaggebend?
Unser **fester Wille**, den ja jeder von uns hat?
Oder unsere **Fantasie**, d.h. unsere **Vorstellungskraft**, über die ja auch jeder verfügt? Oder anders herum gefragt:
Was war für Ihren beruflichen oder privaten Erfolg bis hier hin wichtiger? Der feste Wille oder die Fantasie?

Lassen Sie sich Zeit. Denken Sie in Ruhe darüber nach. Fester Wille oder Fantasie? Was würden Sie sagen?

Sie sind der Meinung, dass Ihr fester Wille maßgebend war? Womöglich haben Sie Recht. Lassen Sie uns einmal versuchen das ebenfalls anhand eines Beispiels zu durchleuchten.

Stellen Sie sich bitte folgende Situation vor:

Wir legen zwei dicke, massive Quadersteine mit einem Durchmesser von 2 qm auf den Boden. Auf diese beiden Quadersteine legen wir ein Brett. Dieses Brett ist 7 Meter lang, 1 Meter breit und 10 cm dick. Also ein richtig massives Brett.
Sie stehen auf der einen Seite des Brettes, unter Ihnen der Quaderstein und ich bitte Sie jetzt von der einen Seite in Richtung der anderen Seite zu gehen. Würden Sie sagen Ihr fester Wille reicht aus, um von A nach B über dieses Brett zu gehen?

Somit hätte jeder Recht, der gesagt hat, der feste Wille wäre entscheidend.

Wie sieht das denn aus, wenn wir dieses 7 Meter lange, 1 Meter breite und 10 cm dicke Brett auf zwei Wolkenkratzer legen? Nehmen wir mal an zwischen diesen Wolkenkratzern ist eine <u>200 Meter</u> tiefe Schlucht.

Reicht Ihr fester Wille jetzt auch noch aus, um über dieses nur 10 cm dicke und gerade mal 1 Meter breite Brett zu gehen? Nein? Warum nicht?
Sie haben Angst, dass Sie herunterfallen könnten?
Geht mir genauso.
Was lernen wir daraus?

Vorstellungen bestimmen unser Verhalten.

Wir Menschen werden Tag und Nacht von unseren eigenen Vorstellungen gelenkt und geleitet. Das heißt, unsere Vorstellungen sind oftmals viel größer, als unser fester Wille jemals sein kann.

Sie fragen sich gerade, was das alles mit dem Thema Autofahren zu tun hat? Eine berechtigte Frage. Genau wie die Themen: **Warum freue ich mich? Positive Gedanken verlängern** und **Unrat vorbeiziehen lassen**, ist auch der wichtige Punkt **Vorstellungen bestimmen unser Verhalten** ganz eng verknüpft mit unserem Unterbewusstsein und mit unserem Bewusstsein.

Man kann sogar sagen, dass Vorstellungen bestimmen unser Verhalten die Überschrift zu allen anderen Punkten ist.

Sie wollen ein praktisches Beispiel aus dem Straßenverkehr? Sehr gern.

Wenn neben Ihnen an der Ampel ein Mensch anhält, der Ihnen auf den ersten Blick unsympathisch ist, wonach sucht Ihr Unterbewusstsein dann? Nach Punkten, die das widerlegen oder nach Punkten, die das bestätigen?
Ganz klar nach Punkten, die das bestätigen. Wohl gemerkt, wir reden über das Unterbewusstsein. Das Bewusstsein kommt nur dann ins Spiel, wenn Sie sich sagen: Okay, der ist mir irgendwie unsympathisch, aber ich muss mit ihm z.B. zusammenarbeiten, also was könnte an ihm sympathisch sein? Nur dann also, wenn ich mich bewusst mit dieser Situation auseinander setze. Wenn ich den Dingen einfach freien Lauf lasse, dann entscheidet nur unser Unterbewusstsein, wie unsere Stimmung ist oder wie unsere Gefühle die Situation darstellen.

Wie gesagt. verschiedene Forschungen haben festgestellt, dass 80% unserer Entscheidungen vom Unterbewusstsein getroffen werden, also aus dem Bauch heraus.

Wie deckt sich das mit Ihren Erfahrungen? Was entscheidet bei Ihnen häufiger?

Der Verstand, also das Bewusstsein, oder Ihre Fantasie, das heißt, Ihr Bauch bzw. Ihr Unterbewusstsein?

Ist das nicht erschreckend? Wir glauben, die meisten Entscheidungen mit unserem Bewusstsein zu treffen, machen aber genau das Gegenteil.

Diese Erkenntnis hilft uns aber weiter, an den Dingen zu arbeiten, die wir uns vorgenommen haben.

Deshalb lassen Sie uns wieder den Bezug zum Autofahren herstellen. Denken Sie bitte mal wieder an Ihre übliche Fahrtstrecke, die Sie morgens oder abends befahren. Haben Sie sie vor Augen?
Dann halten Sie sie fest. Gehen Sie mal die einzelnen Abschnitte kurz durch. Raus aus der Garage, durch das Wohngebiet, auf die Landstraße oder Autobahn, durch die Knotenpunkte Ihrer Stadt, bis zu Ihrem Büroparkplatz. Haben Sie die einzelnen Punkte im Blick?

So bewusst, wie Sie das jetzt gerade gemacht haben, fahren Sie eigentlich auch so bewusst Auto? Strecken, die wir tagtäglich fahren, die fahren wir doch wie im Schlaf oder?

Und wenn wir sie wie im Schlaf fahren, fahren wir sie dann bewusst? Nein, natürlich nicht. Und genau da liegt die Gefahr.
Wir kennen uns aus. Wir wissen, wo die Baustellen sind, wann die Ampeln umschalten, wo die anderen sich gern noch reindrängeln, wo sowieso Stau ist, usw.

Ein sehr bildhaftes Beispiel, dass wir wahrscheinlich alle schon mal erlebt haben, ist folgendes.
Wir sitzen im Auto, telefonieren während der Fahrt mit dem Handy. Natürlich mit Freisprecheinrichtung. Beenden nach einer Weile das Gespräch und stellen uns die Frage:
Wo bin ich eigentlich gerade lang gefahren und was ist da alles passiert? Könnten Sie das beantworten?

Das ist nichts anderes, als ein konkretes Beispiel dafür, was wir Menschen unbewusst machen. Mal abgesehen davon, dass das Telefonieren im Auto sehr gefährlich sein kann, egal ob mit oder ohne Freisprecheinrichtung, wie wollen wir Einfluss auf unser Verhalten nehmen, wenn wir fast alles unbewusst machen?

Sie sind der Meinung, Sie machen vieles bewusst beim Autofahren? Was denn?

Das fängt doch schon beim Gang zum Auto an. Gehen Sie bewusst auf Ihr Auto zu und sagen sich, so jetzt mache ich die Tür auf, setze mich rein, drehe den Zündschlüssel oder drücke den Startknopf? Nein. Wer macht das schon?

Und dann während der Fahrt. Sagen Sie sich bewusst, jetzt muss ich in den 3. Gang schalten, jetzt muss ich die Kupplung treten, jetzt muss ich stärker oder schwächer bremsen? Nein, tun Sie nicht. Sie machen es einfach.

Das alles ganz bewusst gemacht, haben Sie zu Ihrer Fahrschulzeit und vielleicht noch in den ersten Wochen mit dem ersten eigenen Auto getan. Aber es kann mir keiner erzählen, dass er heute noch so Auto fährt. Ich mache es nicht.

Darauf möchte ich auch gar nicht hinaus. Sie sollen jetzt nicht diese Dinge bewusst machen. Das ist ein Automatismus, der nicht schlimm, bzw. hindernd ist. Im Gegenteil. Dadurch, dass wir diese Dinge so automatisiert haben, können wir uns auf die viel wichtigeren Dinge konzentrieren.
Aber das Verhalten von uns Menschen im Straßenverkehr, das sich Aufregen, das Drängeln, Fluchen, Schimpfen und Hadern mit allem möglichen.

Das können wir nur im positiven Sinne beeinflussen, wenn wir es bewusster machen oder bewusster auf bestimmte Situationen reagieren.

Es sind unsere eigenen Vorstellungen, die unser Verhalten bestimmen. Wir entscheiden selbst, über wen oder was wir uns aufregen. Das ist unser freier Wille.

Wir nehmen das aber gern als Ausrede: Da hat uns einer provoziert. Jetzt muss ich mich aufregen. Warum? Wer sagt das? Wo steht das? Sie sind der Boss. Nicht der Boss über alle anderen Autofahrer. Aber der Boss über Ihre Gefühle und Emotionen und auch über Ihre Reaktionen und daraus resultierende Handlungen.

Sie sagen, das passiert doch automatisch. Wenn mich einer provoziert, schneidet oder ausbremst, dann wird man doch automatisch wütend. Das ist richtig. Wenn wir in dem Moment aus dem Bauch heraus reagieren, dann regen wir uns auf. Wenn wir unseren Verstand nutzen, dann schaffen wir es vielleicht trotzdem ruhig zu bleiben.

Apropos telefonieren im Auto. Was waren das für schöne Zeiten, als es noch keine Handys gab?

Was haben wir da eigentlich während der Autofahrt gemacht? Sind wir da bewusster oder konzentrierter Auto gefahren? Nicht immer dieses Handy am Ohr, bzw. den Kopfhörer im Ohr oder die von vielen so geliebte Freisprecheinrichtung, bei der man manchmal gar nichts versteht.

Irgendwann kam dann mal das C-Netz. Können sich die Älteren unter Ihnen noch daran erinnern? Das gab es als „moderne Herrentasche" zum umhängen (auch Koffer genannt) oder als Festeinbau für das Auto. Später gab es den „Knochen". Ein riesiges, tragbares Telefon, so groß wie eine halbe Wassermelone. Wie es dann weiter ging, brauche ich Ihnen ja nicht zu erzählen, Sie haben es ja live mitbekommen. Die Jüngeren können ja C-Netz einfach mal „googeln".

Also was haben wir denn damals im Auto gemacht? Auto gefahren natürlich, sagen Sie? Bestimmt gab es auch damals so einiges, was uns vom Fahren abgelenkt hat, aber wir wollen nicht in der Vergangenheit schwelgen, sondern uns mit der aktuellen Situation beschäftigen.

Was haben Sie schon alles in fremden Autos beobachtet? Nein, nicht das was Sie jetzt denken.

So viel zum Thema Vorstellungen bestimmen unser Verhalten.
Ich meine während der Autofahrt, im ganz normalen Straßenverkehr. Was machen die Leute da so?
Meine Entdeckungen sind erschreckend, aber auch teilweise lustig. Vor kurzem hatte ich wieder den fast alltäglichen Zeitungsleser vor mir. Zeitung auf dem Lenkrad, Augen wechseln zwischen Straße und Zeitung. Ein Wunder, dass er keinem hintendrauf fährt.
Die gesteigerte Variante davon, ist der essende Zeitungsleser. Neben sich auf dem Beifahrersitz oder auf dem Schoss das Butterbrot, die Brötchentüte oder der Burger von McDonalds.

Das sind schon mal drei Dinge, die gleichzeitig getan werden. Die Frage ist nur, was macht man davon bewusst? Wahrscheinlich gar nichts.

Aber es gibt noch vieles mehr, das die Menschen so während der Fahrt machen. Nicht alle Herren der Schöpfung schaffen es anscheinend sich morgens im Bad zu rasieren. Warum auch? Das kann man doch wunderbar im Auto machen. Kurzer Blick in den Spiegel, ach da am Hals muss ich noch mal ran. Autofahren geht ja von allein.

55

Die Damen brauchen jetzt gar nicht zu schmunzeln. Zeitdruck im Bad kennen Sie nicht? Auch dafür sind ja Gott sei Dank einige Spiegel im Auto eingebaut. Besonders der Rückspiegel an der Frontscheibe dient den Frauen gern als Schminkspiegel. Der wird dann erst mal so ausgerichtet, dass Frau sich gut sehen kann, ohne den Kopf zu sehr verrenken zu müssen. Dann wird die Wimperntusche oder die Bürste herausgeholt und los geht's. Styling während der Autofahrt. Na klar. Ist doch kein Problem. Nach der Restauration wird der Spiegel schön in der Position gelassen, man könnte ihn ja noch mal brauchen. Für den Blick auf den Verkehr hinter mir ist der ja nicht so wichtig.

Die Herren brauchen übrigens jetzt gar nicht so zu lachen. Bei Ihnen sieht das genauso bescheuert aus, wenn Sie mit dem Elektrorasierer ihr Gesicht malträtieren.

Dagegen ist ja das Telefonieren mit dem Handy am Ohr oder das ständige Tippen am Navi harmlos oder?
Also warum sich auf das Autofahren konzentrieren, wenn man doch viel bessere Sachen während der Fahrt machen kann.

56

Und außerdem spart das ja eine Menge Zeit. Zwei Fliegen mit einer Klappe, wie man so schön sagt.

Vielleicht sind es ja gerade diese Personen, die ab und zu mal vergessen zu blinken, da sie ja mit wichtigeren Dingen beschäftigt sind. Sehen Sie, jetzt haben wir eine Erklärung gefunden. Wie bitte? Sie würden so etwas nie machen? Während der Fahrt im Auto essen, Zeitung lesen, sich schminken, rasieren oder telefonieren? Kommen Sie. Haben Sie noch nie das Eine oder Andere davon gemacht? Immer nur die Anderen?

Sie haben bestimmt auch noch nie bei Regen die Nebelleuchten an Ihrem Fahrzeug eingeschaltet?

Wieso ich jetzt darauf komme? Weil es bei diesen Dingen irgendeinen Zusammenhang gibt.

Ich hatte vor kurzem eine dieser besagten Damen vor mir. Ja, schon wieder eine Frau. Morgens, 7.00 Uhr, Winter, noch dunkel und es regnet. Im Nachhinein wundere ich mich, dass ich überhaupt gesehen habe, was diese Dame alles an sich gepinselt und gezupft hat, weil ich von Ihrer Nebelschlussleuchte so geblendet wurde, dass ich mir überlegt habe meine Sonnenbrille aufzusetzen, damit ich nicht völlig im Blindflug hinter ihr her fahre.

Wozu sind im Auto eigentlich diese Kontrollleuchten? Sind die nur Dekoration? Oder haben die einen tieferen Sinn?

Übrigens es war kein Nebel, es hat nur geregnet und es war dunkel. Da kann man ruhig schon mal die Festbeleuchtung am Fahrzeug anmachen. Hauptsache die anderen sehen mich. Der Rest ist egal.

Liebe Damen, Sie sind damit nicht alleine. Keine Angst. Die Männer können so etwas auch sehr gut.

Nachdem ich es geschafft hatte, an diesem fahrenden Weihnachtsbaum vorbei zu fahren und mich vor sie setzte, bekam ich die nächste Ladung von gleißendem Licht durch meinen Rückspiegel ab. Na klar. Wenn schon, dann auch alles an. Die Nebelscheinwerfer werden ja sonst kaum genutzt, dann machen wir heute direkt das volle Programm. Also doch wieder die Sonnenbrille aufsetzen.

Machen diese Menschen das absichtlich? Also nicht das Blenden von anderen Verkehrsteilnehmern.

Sondern aus Angst, alles an Licht Einschalten, was das Auto hat? Oder drücken manche Menschen nur an irgendwelchen Knöpfen herum und wissen gar nicht wofür die genau sind? Ach egal, einfach mal anmachen, schaden kann es ja nicht. Und wenn es einmal an ist, dann lassen wir es auch die ganze Fahrt über an.
So viel zum Thema Denken oder besser gesagt, nicht denken.
Und bitte machen Sie eines niemals. Versuchen Sie nie den anderen darauf hinzuweisen, dass das falsch ist oder gar andere gefährden könnte. Sie bekommen nur „nette" Handzeichen und Äußerungen zurück. Tun Sie das bitte nicht.
Sie sind doch schuld. Sie können doch auch woanders lang fahren. Ich weiß, Sie meinen es gut. Aber es bringt nichts. Versuchen Sie einfach aus dem Dunstkreis solcher Personen herauszufahren. Suchen Sie sich den für Sie angenehmsten Weg durch den Großstadtdschungel.

Auch wenn das nicht immer so einfach ist, bei all den Spezialisten, die da so unterwegs sind. Also vertrauen Sie ganz dem Motto:

Positive Gedanken verlängern und **Unrat vorbeiziehen lassen.**

Es regnet übrigens immer noch. Es ist aber auch nur Regen. Normaler Regen. Keine Unmengen, die da vom Himmel runter kommen. Keine Glatteisgefahr.

Warum fahren die Menschen auf einmal anders, als wenn es trocken ist? Kennen Sie das auch?
Es ist viel voller auf den Straßen, die Leute fahren langsamer, vorsichtiger, noch vorausschauender.
Das ist ja grundsätzlich auch gut und richtig. Aber so langsam? Mit so viel Abstand, dass gut und gern ein Lkw dazwischen passt? Schon so früh bremsen, damit man später nicht zu stark bremsen muss, denn das Auto könnte ja anfangen zu rutschen oder gar ins Schleudern geraten.
Mein Gott, es regnet doch nur. Was machen die denn erst wenn Schnee liegt?
Am besten das Auto stehen lassen. Da haben Sie Recht. Die Meisten sollten das unbedingt tun. Der eine oder andere kann oder muss vielleicht mit seinem Auto auch bei Schnee fahren.
Wo wohnen Sie? Irgendwo in Süddeutschland, wo das kein Problem ist? Dort ist man das gewohnt, dass es im Winter auch winterliche Straßenverhältnisse gibt und jeder stellt sich darauf ein und kann damit umgehen.
Wenn Sie jedoch, wie ich in NRW wohnen, dann sieht das schon etwas anders aus.

Wie oft schneit es in Städten wie z.B. Düsseldorf, Köln oder Essen? Eher selten. Aber wenn es mal geschneit hat und die Straßen einer geschlossenen Schneedecke gleichen, ja dann wird es lustig.

Lustig aber auch nur, wenn man allein auf diesen Straßen unterwegs ist. Stellen Sie sich doch bitte folgende Situation vor:
Es ist Sonntagmorgen, es hat die ganze Nacht geschneit. Sie fahren mit Ihrem Wagen über frischen Neuschnee. Kein anderer ist unterwegs. Sie sind ganz allein auf der Straße. Was machen Sie jetzt? Erst mal den Handbremsentest machen oder?
Mal gucken wie das Auto reagiert. Dann mal ein bisschen mehr Gas geben, um zu sehen, ob der Rallyefahrer noch in einem steckt. Am besten den nächsten Supermarktparkplatz ansteuern, um das Auto dort mal so richtig durch den Schnee zu scheuchen. Hmm, das macht Spaß.

Leider ist die Realität meistens eine andere. Wir werden Montagmorgen vom Schnee überrascht. Müssen uns mit den anderen Verkehrsteilnehmern den Weg zur Arbeit erkämpfen. Wahrscheinlich haben ein Drittel der Fahrzeuge noch keine Winterreifen aufgezogen, weil der Winter ja mal wieder so plötzlich kam.

61

Es ist doch erst Anfang November, da hat es doch hier noch nie geschneit. Da brauche ich doch noch keine Winterreifen. Falsch gedacht.

Aber das ist wahrscheinlich so, wie mit allem Anderen im Leben auch. Oh, in zwei Wochen ist schon wieder Weihnachten? Wie blöd. Ich habe noch keine Geschenke. Dass Weihnachten aber auch immer so überraschend kommt!?

Also, Sie befinden sich jetzt in Mitten dieser Anderen. Einige mit Winterreifen, andere ohne. Was ist also vorprogrammiert?
Das absolute Chaos. Richtig. Denn die Fahrzeuge ohne Winterreifen, die haben oftmals richtige Probleme. Beim Anfahren, beim Bremsen oder in der nächsten Kurve.
Was aber nicht heißt, dass diejenigen mit Winterreifen besser dran wären.

Okay, von den fahrtechnischen Gegebenheiten natürlich schon. Denn nicht ohne Grund gibt es Winterreifen. Allerdings denken manche anscheinend, sie könnten jetzt fahren, als wenn gar kein Schnee liege. Weit gefehlt. Auch trotz Winterreifen muss man seine Geschwindigkeit den Straßenverhältnissen anpassen.

62

Ich bin mal in der Region um Kassel bei Schneefall auf der Autobahn unterwegs gewesen. Rechte Spur. Angepasste Geschwindigkeit. So wie die meisten an diesem Tag. Auf einmal rauscht auf der linken Spur eine dicke S-Klasse mit einem Affenzahn an uns vorbei, als wenn überhaupt kein Schnee liegen würde. Unfassbar, dass dem nichts passiert ist. Also, Gott sei Dank. Denn der hätte wahrscheinlich noch andere unbeteiligte Menschen mit hineingezogen.

So etwas sieht man leider in der Stadt auch. Menschen in ihren Fahrzeugen, die sich überschätzen oder die Situation völlig unterschätzen und meinen, ihnen passiert sowieso nichts. Doch gerade bei solchen Wetterverhältnissen müssen wir doch noch vorausschauender fahren, als wir es eh schon tun. Wenn wir uns sicher fühlen und keine Angst vor Schnee oder Glätte haben, heißt das ja noch lange nicht, dass das bei den Anderen auch der Fall ist. Man sollte gerade in solchen Momenten immer mit dem Unerwarteten rechnen.

Ein Fahrzeug, das sehr früh bremst. Ein Wagen, der noch bei rot über die Kreuzung fährt, weil Halten auf Schnee nicht mehr möglich gewesen wäre. Oder ein Fahrzeug, das nicht vorwärts kommt, weil die Räder durchdrehen.

Jetzt höre ich mich gerade wieder wie der Oberlehrer persönlich an. Das macht aber nichts. Hauptsache Sie denken beim nächsten Schnee an meine Worte.

Zurück zu den eher alltäglichen Verhältnissen. Es regnet mal wieder Hunde und Katzen. Hört sich irgendwie im Englischen besser an:
Its raining cats and dogs.
Also ein Winter im Flachland.

Fängt jetzt allerdings nur einer an, zu fahren, als wäre es spiegelglatt, fahren alle anderen dahinter genauso ängstlich. Und schon haben wir mindestens das Doppelte an Stau oder an Verkehrsaufkommen.

Nicht nur aus diesem Grund kann ich jedem Autofahrer, egal ob Anfänger, alter Hase, Mann oder Frau, empfehlen ein Fahrsicherheitstraining mitzumachen. Das ist eine wertvolle Erfahrung, die hilft, mit seinem Auto bewusster umzugehen, mehr Sicherheit auch in vermeintlich schwierigen Situationen zu haben und nicht so ängstlich zu sein, wenn mal nicht alles eitel Sonnenschein ist.
Ob ich selbst auch schon mal ein solches Training gemacht habe? Ja, mehrere Male, mit unterschiedlichsten Fahrzeugen und in verschiedensten Kursen.

Gelernt habe ich immer sehr viel, obwohl ich dachte, ich kann doch Autofahren, ich bin doch ein ganz guter Fahrer, das brauche ich nicht.

Am eindrucksvollsten im Gedächtnis geblieben ist mir ein spezielles Fahrsicherheitstraining vor vielen Jahren, bei dem der ehemalige Rennfahrer Christian Danner als Instruktor mit dabei war und sehr hilfreiche und praxisnahe Tipps gegeben hat.
Themen wie z.B.: Was macht mein Auto, wenn Aquaplaning ist? Wie muss ich dann reagieren? Wie verhält sich mein Auto in einer Kurve, wenn es auf einmal rutschig ist? Was sollte ich tun, wenn mein Heck ausbricht?
Was mache ich, wenn ein Hindernis auf der Straße erscheint? Und noch vieles vieles mehr.
Also machen Sie einen solchen Kurs. Melden Sie sich an. Wenn Sie es schon gemacht haben, wissen Sie wovon ich rede.

Wissen Sie, was mir in diesen Fahrsicherheitstrainings auch nahelegt wurde? Meine Sitzposition, speziell meine Rückenlehne anders einzustellen. Dazu sollten Sie wissen, dass ich 1,97 Meter groß bin. Das heißt, der Sitz muss immer ganz nach hinten und die Lehne auch relativ schräg, damit ich mit meinen langen Armen zu recht komme.

Wie gesagt, ich habe gelernt. Die Lehne kann aufrechter sein und man kann trotzdem ordentlich lenken. Man kann sogar noch besser lenken.
Haben Sie mal die Rennfahrer in Ihren Rennautos beobachtet? Nicht die Formel Eins Fahrer. Die können Ihre Lehnen nicht verstellen. Okay, können die anderen auch nicht, aber die sitzen alle relativ gerade, also aufrecht hinter ihrem Lenkrad. Und sogar auch sehr weit vorn.

Nicht so wie der eine oder andere Jungspund, der nahezu in seinem Auto liegt. Die linke Hand lässig übers Lenkrad gelegt, die rechte Schulter neigt sich Richtung Schalthebel, so dass man denkt. Mann, der muss ja ein schlimmes Hüftleiden haben, dass der nicht gerade im Auto sitzen kann. Vielleicht ist aber auch nur sein Portemonnaie in der linken Gesäßtasche so dick, dass er Schlagseite bekommt.

Was auch immer der Grund dafür sein mag - Leute, es ist kein Autoskooter, in dem Ihr da unterwegs seid. Ihr seid nicht auf der Kirmes. Ihr seid verantwortlich für Euer und das Leben anderer Verkehrsteilnehmer. Zu krass? Nein.

Wenn Sie ein Fahrsicherheitstraining mitgemacht haben, wissen Sie, was ich meine.

Im Ernstfall kann man mit dieser lässigen oder sagen wir es ganz offen, mit dieser bescheuerten Art und Weise, nicht rechtzeitig und nicht zielgerichtet reagieren. Die wollen doch alle kleine Rennfahrer sein. Gucken Sie mal, was die Rennautos für Lenkräder haben. Das sind keine Räder mehr. Das sind links und rechts zwei Griffe. Den oberen und unteren Teil hat man weggelassen. Fragen Sie sich mal warum.
Aber hey, cool sein im Auto ist alles.
Wir waren doch alle mal jung. Wollten einen auf „dicke Hose" machen. Die Mädels beeindrucken. Manche wollen das heute immer noch.

Nicht das wir uns falsch verstehen. Sie sollen jetzt nicht alle zum Lenkradbeißer werden. Das ist genauso falsch. Aber was ist schon falsch und richtig?

Muss nicht jeder selber wissen, was er wie macht? Klar, jeder ist für sich selbst verantwortlich. Aber ist nicht jeder von uns auch für den anderen verantwortlich?
Sobald wir nicht mehr alleine auf der Straße sind, sobald andere Verkehrsteilnehmer sich in unserer Nähe befinden, haben wir nicht auch denen gegenüber eine Sorgfaltspflicht?

Ich denke hierbei nicht nur an andere Autofahrer. Ich denke an Motorradfahrer, Fahrradfahrer, Fußgänger, Busfahrer, Straßenbahnfahrer, usw.

Jetzt könnten Sie natürlich sagen, die sollen doch auf sich selbst aufpassen. Das sollen die ja auch. Apropos die. Sind wir nicht auch manchmal die? Die Anderen. Wir fahren doch auch ab und zu mal mit dem Fahrrad, dem Motorrad oder gehen zu Fuß. Wie oft sind wir da schon unverschuldet in gefährliche Situationen geraten?

Erst neulich hatte ich ein Fahrzeug vor mir, das ausnahmsweise geblinkt hat, um an einer grünen Ampel rechts abzubiegen. Was passiert?
Er bremst vor dem Abbiegen nicht ab, guckt nicht nach rechts, ob einer kommt und ich dachte nur gleich kracht es. Warum?
Ein kleiner Junge fuhr mit seinem Fahrrad über die ihm grün anzeigende Fußgängerampel. Der Pkw-Fahrer konnte mit einer Vollbremsung gerade noch anhalten, sonst hätte es eine Katastrophe gegeben. Na klar sollte der Radfahrer vorsichtshalber auch nach links gucken, aber oftmals ist es dann schon zu spät. Und zum anderen sind kleine Kinder noch nicht so mit dem Straßenverkehr vertraut, wie es Erwachsene sind oder sein sollten.

Auch das ist wieder ein weiteres Zeichen dafür, dass wir Menschen zum größten Teil unbewusst Auto fahren, oder mal wieder durch irgendetwas abgelenkt sind. Also jeder von uns kann sich ganz schnell in jeder Situation wiederfinden.

Passend dazu habe ich von meiner Nichte vor kurzem einen interessanten Einblick in die Denkweise junger Fahranfänger erhalten. Sie hatte gerade die 8. Fahrstunde hinter sich. Von ihr kam dann die überraschende Aussage:
„Jetzt weiß ich erst mal wie nervend Fußgänger und Fahrradfahrer sein können."
 Sie hatte durch ihre ersten Fahrstunden einen ganz anderen Blickwinkel auf die Situationen auf der Straße und daneben erhalten.
„Diese komischen Fußgänger, die bleiben ja gar nicht stehen." Die gehen ja so nah an die Straße heran, dass sie das Gefühl hatte, die würden ihr direkt vor das Auto laufen.
„Und diese Radfahrer erst. Die nehmen ja gar keine Rücksicht auf uns Autofahrer. Die machen was sie wollen." Und der lustigste Satz war dann.
„Sogar die Tauben bleiben einfach auf der Straße. Die hauen ja gar nicht ab, wenn ich angefahren komme."

Sie wollte dann immer bremsen, weil sie Angst hatte, die Tauben zu überfahren. Der Fahrlehrer hat ihr das aber schnell ausgeredet.

Was lernen wir daraus? Für meine Nichte, bisher Fußgängerin und Radfahrerin, sah die Welt des Straßenverkehrs ganz anders aus. Aus ihrem Blickwinkel heraus waren oftmals die Autofahrer die Bösen. Jetzt sind es die anderen.

Wieso ist das für uns alle so wichtig?
Wie schon gesagt, jeder findet sich mal in jeder Situation wieder. Wenn wir uns im Klaren sind, dass aus der Sichtweise des anderen, vieles anders wirkt und dadurch auch das Verhalten ein anderes ist, dann fällt es uns doch leichter, angemessen zu agieren oder zu reagieren.

Wo wir gerade über alle möglichen Verkehrsteilnehmer sprechen, also z.B. die Radfahrer, Fußgänger und Motorradfahrer. Wie sehen Sie das denn eigentlich? Sind das die Freunde des Autofahrers oder eher die erklärten Feinde?
Was würden Sie sagen? Die stören Sie nicht? Glückwunsch. Das ist prima. Sie stören sie doch? Warum? Die tun doch nichts. Die armen kleinen Fußgänger.

70

Die stehen doch da nur an der Ampel und wollen die Straße überqueren. Das ist richtig.
Auch hier gibt es die gleichen Kandidaten, die wir vorhin schon beschrieben haben. Die noch schnell über gelb auf die Kreuzung Fahrer. Die heißen hier nur anders. Noch schnell bei gelb oder dunkelgelb über die Kreuzung Geher. Und ich meine bewusst Geher. Nicht Renner oder Läufer. Nein warum auch? Die gehen ganz gemütlich über die Kreuzung, die Autos haben schon lange grün, egal.

Haben Sie auch manchmal das Gefühl, die machen das absichtlich? Die könnten doch schneller gehen, wenn Sie wollten. Die wollen aber nicht. Die wollen vielleicht sogar uns Autofahrer provozieren. Aber warum? Was haben wir denen getan? Ich weiß es nicht. Neid? Frust? Langeweile?

Ein Bekannter von mir wurde schon mal von einem Fußgänger angezeigt. Was war passiert?
Er wollte rechts abbiegen. Keine Ampel, sondern einfach nur eine Abzweigung der Straße. Ein Fußgänger schleicht so langsam über die Straße, dass man merkt, er macht das absichtlich, will provozieren. So dass der Autofahrer hinter meinem Bekannten hupt, so dass er den Fußgänger an hupt, und ihm ein paar freundliche Worte sagt.

Und daraufhin von dem Fußgänger wegen Nötigung angezeigt wurde.
Haben wir das nicht alle schon mal gemacht?
„Komm beweg' dich. Wir werden nicht jünger."
Oder: „Nimm die Beine in die Hand, hier sind noch andere unterwegs." Usw., usw.

Die Frage ist nur: Wer nötigt hier wen?
Der Fußgänger hat doch angefangen. Das Verfahren wurde später wegen Nichtigkeit eingestellt.

Aber ist das nicht traurig?
Wenn der Mann mit normalem Tempo über die Straße läuft, biegt mein Bekannter ganz normal ab, der hinter ihm Fahrende ist auch ruhig und alle sind entspannt. So einfach könnte das sein. Ist es aber nicht. Woran liegt das?

Ich habe keine Ahnung. Wenn man das übergreifend herausfinden könnte, dann würde viel weniger passieren und die Menschen wären viel weniger aggressiv. Wir sollten viel öfter unser eigenes Handeln hinterfragen. Vielleicht würde das weiterhelfen. Aber genau das ist ja das Schwierige an der ganzen Sache. Sich selbst zu hinterfragen. Im Sinne von: Was könnte ich anders tun, damit meine Umwelt anders auf mich reagiert?

Es ist doch immer leichter, dem Anderen die Schuld zu geben. Da sind wir doch alle schnell dabei oder? Sie auch. Ja, genau Sie. Jeder von uns. Keiner kann sich vollkommen davon frei sprechen. Glauben Sie mir nicht?
Dann beobachten Sie sich einfach mal selbst die nächsten Tage, wenn Sie wieder im Auto unterwegs sind. Ich bin mal gespannt, zu welcher Erkenntnis Sie kommen werden.

Laut einer Umfrage von der Internetplattform Autoscout fluchen 70% aller Autofahrer regelmäßig während der Fahrt. Wenn Sie nicht dazu gehören, dann herzlichen Glückwunsch. Wenn doch, na dann können wir noch an uns arbeiten. Ich meine bewusst UNS, denn ich gehöre oder besser gesagt, gehörte auch zu den 70%.

Ist das bis hierhin eigentlich interessant für Sie? Entdecken Sie sich in der einen oder anderen Situation wieder?

Gut, denn es ist noch nicht Schluss. Es gibt noch einige kuriose und seltsame Verhaltensweisen von uns Menschen, über die wir noch nicht gesprochen haben.
Was sind unsere Erkenntnisse bisher?

Unrat vorbeiziehen lassen (Über wen ich mich ärgere entscheide ich immer noch selbst)
Positive Gedanken verlängern (Warum freue ich mich?) Vorstellungen bestimmen unser Verhalten (Fantasie ist viel stärker als der feste Wille)

Also für uns die wichtige Frage: Warum handeln wir Menschen so wie wir es tun? Was ist ausschlaggebend für unseren Frust, unseren Ärger oder unseren Zorn? Die Anderen sind Schuld! Immer die Anderen, wer sonst?
Man könnte die Frage auch anders formulieren:

Welche Hindernisse stellen sich uns Tag für Tag im Straßenverkehr in den Weg?

Darf ich an dieser Stelle mal ausnahmsweise nur von mir selbst sprechen, denn die Hindernisse die mir so täglich begegnen, sind zu vergleichen mit einer dicken dreifachen Panzerplatte.

Das erste Hindernis welches mir morgens begegnet, das bin ich selbst. Es gibt nämlich Tage, da würde ich lieber im Bett bleiben, als ins Büro, zum Kunden oder sonst wohin zu fahren. Schlechte Laune, Zeitdruck, usw.

Ich spreche bewusst nur von mir, denn auf Sie trifft das ja nicht zu. Sie sind ja morgens frisch, motiviert und voller Elan oder?

Sollte es mir gelingen das erste Hindernis so einigermaßen in den Griff zu bekommen, steht ruck zuck das zweite Hindernis vor mir. Ich nenne es mal das **Du-Hindernis**. Was kann das sein?
Das Du-Hindernis ist der notorische Nichtblinker, der während der Fahrt Telefonierer und Esser oder der ängstlich, abstandhaltende fahrende Weihnachtsbaum.

Sollte es mir gelingen, dieses Du-Hindernis auch so einigermaßen in den Griff zu bekommen, steht ruck zuck das dritte Hindernis vor mir. Ich nenne es mal das **Es-Hindernis**. Was kann das sein?
Das sind in der Regel materielle oder physikalische Grenzen, die uns einfach nicht erlauben das zu tun, was wir gern tun würden. Wenn wir an die tägliche Fahrt zur Arbeit denken, dann sind das Baustellen, Ampeln, Blitzer, usw.
Und wenn wir uns diese drei Hindernisse noch einmal anschauen und wir haben ja gesagt unser Ziel ist es, wieder mehr Freude an der Autofahrt zu haben. Wo sind wir denn in der Lage auf Anhieb diesbezüglich etwas zu verändern?

Wie sieht es mit dem **Du-Hindernis** aus?
Haben wir da die Möglichkeit bei unseren Mitmenschen auf Anhieb etwas zu verändern? Einfluss zunehmen auf das Verhalten anderer? Nein. Keine Chance.
Wie verhält es sich mit dem **Es-Hindernis**?
Haben wir dort die Möglichkeit auf Anhieb etwas zu verändern? Den Stau abzuschaffen, die Ampelphasen zu verändern oder die Blitzer an unlogischen Stellen abzuschaffen? Nein. Keine Chance.
Wo ist also unsere einzige Chance zu beginnen? Richtig, <u>bei uns!</u>

Sie haben während und nach des Lesens dieses Buches eine frei wählbare Menge an Zeit, um sich mit dem Schönsten, mit dem Herrlichsten, dass es auf der Welt gibt, zu beschäftigen. Nämlich mit sich selbst. Ist das nicht prima?

Ich darf Ihnen eines aber auch sagen. Es ist auch am schwersten. Warum? Es ist doch immer einfach, die Schuld dem Anderen zu geben. Die anderen Autofahrer sind doch eh alle blöd. Die Stadt ist doch bescheuert, das so und so zu machen. Das ist immer einfacher, als sich selbst zu fragen: <u>Was könnte ich denn anders tun, damit meine Umwelt für mich wieder erträglicher wird?</u>

Möglicherweise helfen Ihnen ja die Inhalte dieses Buches, ab sofort wieder mit Freude in Ihr Auto einzusteigen und Spaß am Autofahren zu haben, weil Sie es jetzt wieder mit vollem Bewusstsein tun.

Allerdings muss ich Ihnen gleich mal wieder einen Dämpfer verpassen. Denn, was nicht unbedingt dazu beiträgt, dass das Autofahren wieder Spaß macht, sind die angesprochenen Blitzer.

Sind Sie auch schon mal geblitzt worden? Wie schnell waren Sie? Wie viel mussten Sie bezahlen? Und, haben Sie sich danach gefreut? Natürlich nicht. Warum sollten Sie auch? Klar, es hätte auch noch schlimmer kommen können. Ein paar Km/h mehr und der Führerschein wäre weg gewesen.

Sind Blitzer sinnvoll? An vielen Stellen mit Sicherheit. An Schulen, an Kindergärten und anderen sicherheitsrelevanten Bereichen. Ansonsten kommt allerdings schnell die Frage auf: Geldmacherei oder nötiges Übel? Was meinen Sie? So wohl als auch. Sehe ich genau so.
Die festen Starenkästen kennt man ja meistens. Oft sind diese auch an sinnvollen Plätzen angebracht. Wo die mobilen Radarwagen stehen, hat man häufig gesehen und kann sich darauf einstellen.

Aber die Kollegen mit ihren Laserkanonen sind schwer frühzeitig auszumachen. Wobei? Manchmal sieht man, wenn man vorausschauend fährt, in einigen hundert Metern ein grün-weißes Auto stehen, so dass man spätestens dann gewarnt sein sollte.

Verstehen Sie mich bitte auch hier nicht falsch. Ich möchte nicht zum Rasen animieren, sondern im Gegenteil. Angemessenes Tempo sollte es sein.

Was heißt das? Ganz klar sich an die Geschwindigkeitsbeschränkung zu halten. Auch hier treffen wir wieder auf unser altbekanntes Thema, bewusstes oder unbewusstes Fahren.
Natürlich passiert es uns allen mal, dass wir fünf oder vielleicht sogar zehn Km/h zu schnell unterwegs sind. Meistens ist das der Fall, wenn wir wieder unbewusst durch die Straßen irren.

Oder gehören Sie zu den Rasern, die fast immer und überall zu schnell fahren? Ich hoffe doch nicht. Ich hoffe, Sie gehören aber auch nicht zu denjenigen, die immer unter der erlaubten Höchstgeschwindigkeit fahren. Wie oft habe ich Autos vor mir, die fahren genau 45 Km/h. Bloß nicht über 50 fahren. Oh Gott, da könnte ja sonst was passieren.

Hier ist 100 auf der Landstrasse, na gut fahren wir 90, das reicht doch aus. Warum?
Es ist eine Richtgeschwindigkeit sagen Sie. Okay, kann ich verstehen, wenn viel Verkehr und schlechtes Wetter ist, dass man nicht an das Maximum herangehen muss. Aber wenn alles frei ist, die Sonne scheint, warum dann den anderen Verkehr aufhalten?

Wahrscheinlich ist da gerade wieder so ein Oberlehrer vor uns und will uns zeigen, wer das Sagen hat. Jetzt bloß nicht zu dicht auffahren, sonst fährt der noch langsamer oder er fühlt sich genötigt und zeigt uns noch an.

Das haben sich übrigens einige, speziell ältere Herren, anscheinend zum Hobby gemacht. Leute anzuzeigen. Liest man ja immer wieder die verrücktesten Fälle von so genannten Hobbypolizisten.

Okay, zurück zum Tempolimit oder auch kein Tempolimit. Denn, wie Sie ja sicher wissen, gehört Deutschland zu den wenigen Ländern, in denen es auf Autobahnen kein Tempolimit gibt. Also, wenn nicht auf 120 oder 130 begrenzt wurde, warum auch immer. Dreispurige Autobahn, bestens ausgebaut, aber Tempo 130. Warum?

Weil die eine oder andere Abfahrt und Auffahrt kommt?
Sehen Sie da manchmal auch wenig Sinn drin?
Kann man sich drüber streiten. Wollen wir aber gar nicht.

Vor und während Baustellen ist das absolut sinnvoll und auch lebenswichtig. An Knotenpunkten, das heißt an Autobahnkreuzen, an denen es richtig zur Sache geht, ebenfalls notwendig.

Aber kommen Sie, beschweren wir uns nicht. Ein paar Stellen gibt es ja noch, wo wir so richtig mit Bleifuß durch die Gegend heizen können. Da werden wir wieder zu Hobbyrennfahrern. Linke Spur, Blinker links, Licht an und ab geht die Post.

Waren Sie übrigens der, der schon beim Fahrsicherheitstraining war? Gut, dann viel Spaß.
Sie waren noch nicht da? Dann immer Vorsicht mit den jungen Pferden. Sie wissen was ich meine.
Wenn Sie die Höchstgeschwindigkeit Ihres Fahrzeuges ausreizen wollen, sollten Sie ein sicherer und erfahrener Fahrer sein.
Das ich das einmal sagen würde. Hätte ich vor 25 Jahren auch nicht gedacht.

Da ging es doch nur darum, das coolste und schnellste Auto unter den Gleichgesinnten zu haben. Wobei meistens die Autos schneller aussahen, als sie waren.
Tieferlegung, breite Schluppen, Sportlenkrad, Sportauspuff, aber unter der Haube gerade mal 55 PS. Egal, Hauptsache Tuning.

Ganz früher gab es noch eine berühmt, berüchtigte Gruppe, die hatten immer so schöne Fuchsschwänze an den Antennen. Sie wissen, wen ich meine.
Gibt es die heutzutage überhaupt noch?
Die guten alten Zeiten sind lange vorbei. Aber es gibt ja immer wieder eine neue, junge Generation, die vielleicht genauso denkt und handelt, wie wir es damals auch gemacht haben. Denen sei gesagt: Entspannt Euch. Auch Ihr werdet mal Erwachsen. Okay, tobt Euch aus. Aber immer an die Sicherheit denken. Hört sich wie ein Werbeslogan für Kondome.

Jetzt höre ich mich schon wieder so an, wie ein Oberlehrer. Aber wenn man Nichten und Neffen in diesem Alter hat, sieht man diese Dinge aus einem anderen Blickwinkel und hofft, den Jungspunden einen Impuls für das Leben mitgeben zu können.
Wo waren wir stehen geblieben?

Auf der Autobahn. Was gibt es denn da noch so schönes, über das wir uns Gedanken machen müssten?

Tempolimit haben wir angesprochen. Wo gibt es das besonders häufig? In Baustellen! Ist ja auch wichtig, stimmt.

Haben Sie sich bei manchen Baustellen auch schon mal gefragt: Arbeitet da überhaupt jemand?

Haben Sie dort auch noch nie einen Menschen arbeiten gesehen?

Aber diese Baustellen sind da und wir können nichts dagegen machen. Ein typischer Fall von **ES-Hindernis**. Wobei wir ja auch ehrlich sein müssen und das Positive daran erkennen sollten. Denn diese Baustellen sind oftmals aus dem Grund da, damit wir später bessere Straßenbeläge oder optimalere Straßenführungen erhalten. Dauert nur meistens alles einfach sehr sehr lange.

Was gibt es zum Thema Baustellen noch zu sagen?

Die Tempobegrenzung liegt meistens bei 80 Km/h. Das ist auch durchaus angebracht, da ja häufig zwei sehr enge Spuren in diesen Baustellen entstehen. Oftmals nur durch provisorische Mittelleitplanken von der Gegenfahrbahn abgetrennt. Deshalb ist auch sehr häufig Überholverbot. Aber nicht immer.

Wobei überholen in einer Baustelle ist nicht immer so leicht. Denken Sie auch gerade an die Lkw auf der rechten Spur? Links die provisorische Leitplanke, rechts so ein dicker Sattelschlepper und hinter Ihnen auf der linken Spur schon wieder ein ganz Eiliger.
Jetzt heißt es Nerven behalten. Denn wenn Sie diesen Lkw überholen, dann ist rechts und links Ihres Autos nicht mehr viel Platz. Um es ganz konkret zu sagen. Es ist verdammt eng. Hoffentlich haben Sie keinen Beifahrer dabei. Für den wirkt das Ganze noch bedrohlicher, weil er keinen Einfluss auf die Situation nehmen kann.

Seien Sie froh, dass Sie an dieser Stelle nicht meine Frau neben sich sitzen haben. Die schreit Ihnen schon gern mal das ganze Auto zusammen.
Apropos Beifahrer. Zu diesem Thema kommen wir später noch ausführlich. Das können wir nicht so im Vorbeigehen behandeln.

Also in solchen Momenten, bei möglichen Überholvorgängen in Baustellen heißt es: Entscheidung treffen. Entweder bleibe ich hinter dem Lkw. Irgendwann ist die Baustelle vorbei und ich kann dann überholen. Oder ich überhole den Lkw.

Dann aber nicht groß überlegen, wie viel Platz habe ich jetzt noch an beiden Seiten, sondern Blick auf die Fahrbahn und in gleichmäßigem Tempo vorbei fahren.

Aber bitte nicht das machen, was einige Autofahrer besonders gut können. Erst sind sie auf der rechten Spur unterwegs, dann entscheiden sie sich doch auf die linke Spur zu wechseln, weil ja vor ihnen ein langsamer Lkw kommt. Als sie dann aber auf der linken Fahrbahn sind, trauen sie sich nicht, diesen Lkw zu überholen. Was machen diese Menschen dann?

Anstatt wieder rechts rüber zu fahren, bleiben sie schön die ganze Zeit auf der linken Spur, genau am Ende des Lkw. Dass sie damit mal wieder den Verkehr aufhalten könnten, das kommt ihnen nicht in den Sinn. Woher auch? Ich bin mir doch schließlich selbst am nächsten. Die anderen sollen doch gefälligst warten.

Autobahnbaustellen oder Baustellen generell gehören ja nicht unbedingt zu den Lieblingsstrecken eines Autofahrers. Das ist ja auch gut nachvollziehbar. Nur ist das kein Grund, zu dem eigentlichen Hindernis noch ein weiteres hinzuzufügen.

Passend dazu fällt mir gerade noch ein Thema ein.

Notorische Linksfahrer. Die kennen Sie doch auch oder? Nicht die eben beschriebenen Linksfahrer, sondern die, die immer die linke Spur blockieren. Die gibt es auf der Autobahn, aber auch im Stadtverkehr. Zu denen auf der Autobahn kommen wir gleich. Erst mal zu den Kandidaten in der City.
Im Stadtverkehr ist es allerdings nicht ganz so tragisch. Wenn die rechte Spur frei ist und man nicht zum Raser werden muss, kann man problemlos an diesem Linksfahrer vorbeifahren. Es ärgert einen zwar schon, weil man sich fragt: Warum fährt der auf der linken Spur? Rechts ist doch alles frei.
Kennen Sie solche Situationen auch?
Ist doch seltsam oder? Ist es da schöner auf der linken Spur? Ist dort die Luft besser?

Ein paar Kilometer später wird einem dann bewusst, wieso. Der wollte abbiegen. Zwar nicht sofort, aber lieber schon mal früh genug links fahren, wer weiß was noch so passiert. Ein Phänomen, das man immer wieder auf allen Straßen beobachten kann.

Gut, dann kommen wir zurück zu dem Beispiel auf der Autobahn.
Die Autobahn ist frei. Die rechte Spur sowieso. Links fährt einer schön gemütlich mit 120 Km/h.

Wie gesagt, rechts ist alles frei. Nein, halt. In ca. einem Kilometer kommt ein Lkw. Oh, das wird eng. Da bleibt man lieber links. Ist doch egal, ob hinter einem einer kommt, der schneller fahren kann und auch will.
Welcher von beiden sind Sie? Keiner?
Glückwunsch.

An alle Linksfahrer die draußen so ihr Unwesen treiben, die Frage: Warum? Was haben Sie davon? Gut, wenn keiner kommt und sie wollen gern links fahren, von mir aus. Wobei es in Deutschland ein Rechtsfahrgebot gibt. Wissen Sie doch sicher oder? Worum geht es dabei? Das besagt, wenn auf der rechten Spur alles frei ist, muss diese Spur befahren werden. Ich wiederhole, muss diese Spur befahren werden.

Warum machen diese Leute das dann nicht?
Haben die Angst, nicht rechtzeitig vor dem Lkw die Spur wechseln zu können?
Meinen die, die Autobahn gehöre ihnen?
Den Rasern gehört sie aber auch nicht, sagen Sie?
Haben Sie Recht. Die Autobahn gehört dem Land. Aber warum lassen Menschen, die langsamer fahren, sich gern an die Richtgeschwindigkeit halten, uns dann nicht in Ruhe?

Wir kommen mit 200 Sachen auf der linken Spur angeflogen, sehen schon ein Linksfahrer aus weiter Ferne, rechts ist alles frei. Was machen wir?
Wir weisen den anderen, mit Hilfe des Blinkers und der Lichthupe, freundlich darauf hin, die linke Spur freizumachen. Was passiert? Sie ahnen es schon.
Der vor Ihnen Fahrende bremst erst mal abrupt ab, so dass wir richtig in die Eisen steigen müssen, um ihm nicht hinten drauf zu fahren. Da kommt doch wieder richtig Freude auf.
Puls auf 200, hochroter Kopf, kurz vor der innerlichen Explosion, fährt der andere rüber und zeigt uns den Vogel. Uns! Warum?
Weil wir schneller fahren hätten können, aber er das nicht wollte?
Auch hier wieder die Frage: Wer nötigt hier wen?

Klar können Sie jetzt sagen, Blinker, Lichthupe sind auch eine Art von Nötigung. Da haben Sie Recht. Aber was ist mit diesem Vollidioten vor mir. Entschuldigen Sie den Ausdruck. Aber ist doch wahr. Wegen solcher Situationen vergeht einem die Lust am Autofahren.

Hätten wir ihn direkt rechts überholen sollen, um so der ganzen Sache aus dem Weg zu gehen? Nein.

Das ist eine Straftat und wird mit Fahrverbot bestraft. Zu Recht. Aber noch mal die Frage: Was sollen wir dagegen tun?
Wir können aus solchen Situationen nur lernen und beim nächsten Mal die Lichthupe und den Blinker weglassen. Schon frühzeitig das Tempo drosseln und dann, wenn der andere sich bequemt hat uns durchzulassen, fahren wir einigermaßen entspannt weiter. Das schont das Gemüt und ihr Auto natürlich auch.

Blödsinn sagen Sie? So habe ich früher auch gedacht. Warum soll ICH etwas anders machen? Der Andere ist doch der Depp.

Das mag ja auch stimmen, nur wie wollen wir auf Anhieb das Verhalten der anderen Autofahrer verändern?
Wenn dieser „Typ Mensch" Spaß daran hat uns zu maßregeln und glaubt, er wäre im Recht, dann sollten wir uns die Frage stellen:
Wie können wir dieser Situation aus dem Weg gehen, bzw. sie vermeiden?
Das Ganze ist natürlich nicht so leicht, denn wir fühlen uns in solchen Momenten um unser freies Recht beraubt und das ist niemals schön. Egal in welcher Situation wir uns befinden.

Wie mit vielen anderen Dingen im Leben, muss man sich auch hier vielleicht arrangieren.
Also, wenn Sie demnächst wieder im Renntempo auf der Autobahn unterwegs sind, denken Sie bitte an meine Worte und ich kann Ihnen eines versprechen. Je öfter Sie solche Situationen gekonnt und vor allen Dingen entspannt bewältigen, desto besser geht es Ihnen.
Denken Sie bitte an unser Thema von vorhin:

Sie entscheiden selbst über wen Sie sich ärgern!

Apropos ärgern. Sie haben nach einer Weile der freien und entspannten Fahrt auf einmal etwas mehr Verkehr vor sich. Es ist keine Feierabendzeit. Trotzdem wird es immer voller. Langsame Autos auf allen Spuren und irgendwann ist er da, der Stau. Endlich mal wieder Stau. Was heißt das konkret? Stau im klassischen Sinne. Mal kompletter Stillstand, mal ein paar Meter rollen, usw., usw. Sie wissen was ich meine.
An dieser Stelle Glückwunsch den Autofahrern, die sich für einen Automatikwagen entschieden haben. Ist was für Rentner? Das habe ich früher auch gedacht. Mittlerweile weiß ich das sehr zu schätzen. Die Anderen kuppeln und schalten sich einen „Wolf".

Wieso sagt man eigentlich ... einen Wolf?
Ich habe keine Ahnung. Aber Sie können gerne bei Wikipedia nachsehen. Für die Älteren unter uns. Duden und Lexikon sind auch okay.

Zurück zum Thema. Die Thematik Stau beschäftigt ja ganze Berufsgruppen, Psychologen und Stauforscher, die sich mit der Entstehung und dem Verlauf von Staus beschäftigen. So weit wollen wir jetzt nicht gehen.
Wobei, ist es Ihnen auch schon passiert, dass Sie in einem kilometerlangen Stau waren und von einem auf den anderen Moment löste sich dieser Stau wieder auf? Und Sie haben sich gefragt:
Warum war hier jetzt eigentlich Stau?

Es gibt die typischen Klassiker, die Stauauslöser sein können.
Da hätten wir als Erstes die schon angesprochene Baustelle. Verengte Spuren, geänderte Straßenführung. Gut, das kann ich ja noch verstehen, dass an solchen Stellen Stau entsteht.

Als Zweites kommt die kleine Anhöhe. Ich meine bewusst nur eine geringe Steigung, keinen Berg oder so etwas. Nur eine leichte Erhöhung der Strecke. Was passiert?

Es genügt genau diese geringe Steigung und auf einmal entsteht Stau. Warum?
Wovor haben die Leute Angst? Das ihr Auto den „Berg" nicht schafft? Was soll da passieren? Nichts! Sobald man es über diese Anhöhe geschafft hat, ist der Stau wie weggezaubert. Verrückt oder?

Wir haben übrigens etwas Klassisches vergessen, dass eigentlich an zweiter Stelle stehen müsste.

Nein, nicht die Gaffer. Obwohl, wenn ich so recht darüber nachdenke, dann lösen genau diese Gaffer auch oft einen Stau aus. Unfall auf der Gegenfahrbahn. Bremsen und gucken was passiert ist.

Ich denke an etwas anderes. Die Fahrbahnreduzierung. Die bitte was? Die Änderung von z.B. drei auf zwei Spuren. Auch hier ist oftmals Stau vorprogrammiert. Wieso? Ganz einfach. Weil aus drei Spuren zwei werden. Das heißt, eine Spur weniger. Aber es stehen immer noch zwei Spuren zur Verfügung. Aber auch dazu lernt man eigentlich in der Fahrschule etwas sehr wichtiges. Nämlich was? Das Reißverschlussverfahren.

Das wäre ja auch eine prima Sache, wenn diese denn auch funktionieren würde.

Es wird ja frühzeitig mit Verkehrsschildern darauf hingewiesen, dass die Fahrspuren reduziert werden. Wobei manchmal hat man das Gefühl, dass auch die Gehirnzellen der Fahrer reduziert werden. Wieso? Es passiert jetzt folgendes:

Die Autofahrer sehen das Schild, dass es in zwei Kilometern zweispurig wird. Was machen die meisten? Sofort schon mal rüber fahren, eine Spur nach rechts oder links, bevor ich nachher nicht mehr rüber komme. Sie schmunzeln?
Aber es ist doch so. Die haben Angst, wenn Sie jetzt weiter auf ihrer Spur fahren, dass sie später nicht mehr rüber kommen.

Vielleicht sagen Sie, das ist ja auch gar nicht so verkehrt, früh genug rüber zu fahren? Sie haben Recht, so verkehrt ist das nicht unbedingt.
Die Situation, die jetzt allerdings entsteht ist folgende: Erstens werden die Autos auf den anderen Spuren immer mehr, d.h., sie werden auch automatisch langsamer und es entsteht zähfließender Verkehr.
Zweitens. Die Menschen, die frühzeitig auf die mittlere Spur gewechselt haben, bekommen nachher, wenn sich andere Autos einfädeln wollen, schon wieder Angst.

Angst davor, ihren hart erkämpften Platz zu verlieren. Die haben Angst, immer weiter nach hinten durchgereicht zu werden. Also lassen sie möglichst keinen oder nur vereinzelt einen anderen Wagen rein.

Ob ich hier von mir selbst spreche? Nein.
Fühlen Sie sich angesprochen?

Wir sind doch diejenigen, die den Stau vermeiden möchten. Soll heißen, ich fahre so lange links, bis es nicht mehr geht. Machen Sie das auch so?

Spüren Sie die Blicke der anderen?
Dieser Vordrängler, muss unbedingt noch an allen vorbei. Nein, nur jemand, der das Prinzip des Reißverschlussverfahrens verstanden hat und es auch umsetzt.
Schon wieder so ein „Neunmalkluger", so ein Besserwisser. Sie können mich gern dafür hassen, aber ja, es ist richtig und besser so. Wenn alle Autofahrer in angemessener Geschwindigkeit bis zum Ende durchfahren, diese dann auf der mittleren Spur jeweils einen einscheren lassen, dann würde der Verkehr viel reibungsloser laufen. Das bezieht sich übrigens nicht nur auf Autobahnen.

Ich sage nicht, dass dann gar keine Staus mehr entstehen. Sie wären aber wahrscheinlich nur noch halb so lang und würden sich auch viel schneller wieder auflösen.

Übrigens gibt es bei solchen Fahrbahnreduzierungen auch die Spezialisten, die vorher auf der rechten Spur unterwegs waren, jetzt aber, da es zweispurig wird, auf einmal auf die linke Spur fahren. Warum? Es besteht doch überhaupt keine Notwendigkeit. Wie so viele Dinge im Straßenverkehr kann ich das auch nicht nachvollziehen.

Ebenso nicht nachvollziehbar sind die Menschen, die auf einer dreispurigen Autobahn immer in der Mitte fahren. Ich habe vor kurzem wieder den Fall gehabt, eigentlich habe ich diesen Fall fast jeden Tag, dass wieder diese Mittelspurfahrer unterwegs waren. Wenig Verkehr. Drei Spuren. Rechts alles frei. Aber manche Autofahrer fahren trotzdem auf der mittleren Spur. Wie gesagt, rechts ist alles frei. Kennen Sie das?

Wieso fahren diese Leute nicht rechts? Was hindert sie daran? Ist der Ausblick in der Mitte besser? Ist die Straße dort schöner? Haben sie Platzangst? Erklären sie es mir bitte.

Ich kann es nicht nachvollziehen. Ich würde es gern verstehen. Vielleicht gibt es ja eine Begründung, die ich noch nicht entdeckt habe.
Jeder schnellere Wagen muss von rechts über die Mitte auf die linke Spur und wieder zurück, um diese Mittelspurfahrer zu überholen. So ein Blödsinn.
Sie können diese Leute mit der Lichthupe oder Hupe darauf hinweisen, dass rechts alles frei ist. Meinen Sie, dass interessiert irgendeinen? Nein. Natürlich nicht.

Kein Grund sich darüber zu ärgern? Mag sein. Bisher habe ich es trotzdem gemacht. Aber man lernt ja in seinem Leben immer dazu. Und in diesem Fall lernt man, dass es nichts bringt, seine Gedanken oder seine Zeit mit diesem Menschen zu vergeuden.

Ein letztes Beispiel von der Autobahn. Wir haben uns ja gerade ausführlich mit diesen ganzen Spezialisten der Straße beschäftigt. Es gibt allerdings noch weitere Fälle von absoluter Inkompetenz.

Die übliche Autobahn besteht aus zwei Fahrspuren, mal ohne, mal mit Geschwindigkeitsbeschränkung.

Auf ihr unterwegs sind die schon angesprochenen Autofahrer. Also Sie und ich und Lieferanten mit ihren Kleintransportern, sowie Lastkraftwagen. Wem wollen wir uns als erstes widmen?

Nehmen wir unsere Freude, die Lkw-Fahrer. Tagtäglich sind sie unterwegs auf Deutschlands Straßen, immer unter Zeitdruck, immer unter Strom und immer Teil des Verkehrs.

Jetzt könnten Sie sagen, ja die tun ja keinem etwas, die sind doch meistens auf der rechten Spur. Das ist grundsätzlich auch richtig. Im Gegenteil. Ohne diese Menschen auf ihrem Bock würden wichtige Waren gar nicht geliefert, verkauft und gekauft werden können. Deshalb an dieser Stelle, Gratulation für Ihren täglichen Einsatz.

Es gibt jedoch leider manchmal Situationen, da verfluche ich sie. Nicht alle. Aber die Kandidaten, die gern mal ein Elefantenrennen durchführen. Warum immer vor mir? Es ist alles schön frei, man kommt gut voran und auf einmal zieht ein Lkw rüber auf die linke Spur, um seinen Artgenossen zu überholen. Egal, ob da einer auf der linken Spur angeflogen kommt, einfach raus.

Das heißt für uns jetzt entweder wieder voll in die Eisen oder Sie waren so vorausschauend unterwegs, dass Sie schon geahnt haben, was da gleich passiert, so dass Sie schon vorher vom Gas gegangen sind.
Nichts desto trotz hängen wir jetzt hinter diesem Elefantenrennen. Der Name kommt ja nicht von ungefähr.
Haben Sie schon mal auf die Uhr gesehen oder auf die gefahrene Strecke geachtet, bis der eine Lkw den anderen überholt hat. Das dauert gefühlte Stunden. Bis endlich der zu Überholende dem Schnelleren, wenn man davon überhaupt reden kann, durch seine Lichthupe das Signal gibt, dass er wieder rüber kann.

Liebe Freunde, ich verstehe ja, dass Sie nicht ewig hinter einem langsameren Kollegen herfahren wollen. Zeit ist Geld. Und wenn man 5-10 Km/h schneller fahren kann, warum dann nicht überholen?
Aber gerade Sie, die Sie so viele Kilometer auf unseren Straßen verbringen, müssten doch am besten einschätzen können, ob da ein schneller Wagen angefahren kommt oder ob da die üblichen Linksfahrer mit maximal Tempo 130 auf der linken Spur rumdümpeln.

Auch das kann manchmal lebensgefährlich werden.

Ich hatte genau diese Situation vor einigen Jahren. Ich war auf der linken Spur flott unterwegs, alles relativ frei. Die üblichen Lkw sporadisch auf der rechten Spur, langgezogene Rechtsbiegung und als ob ich es geahnt hätte, genau in dieser Biegung schert ein Lkw aus. Blinken und Ausscheren verliefen Zeitgleich. Einfach auf die linke Spur.
Und so langsam Lkw ja wirken, so schnell sind die aber auf der anderen Spur.

Was konnte ich tun? Bremsen?
Nein, war zu spät. Das hätte nicht mehr geklappt. Also war die einzige Möglichkeit, Fuß von der Bremse, auf dem Gas geblieben und rechts an beiden Lkw auf dem Standstreifen vorbeifahren.

Sie lesen richtig. Auf dem Standstreifen. Das war die einzige Möglichkeit einen verheerenden Unfall zu vermeiden. Sie können sich vielleicht vorstellen, wie mir die Pumpe danach ging. Da schlottern einem schon mal die Knie und man fängt an Blut und Wasser zu schwitzen. Man ist ja schließlich kein professioneller Rennfahrer.

Machen Sie das bitte nicht nach. Das war trotz des guten Ausgangs eine sehr gefährliche Situation.

Kann man so etwas für die Zukunft vermeiden?
Nein. Okay, schon. Wenn man immer langsam fährt oder gar nicht mehr Autobahn fährt. Aber das wollen wir ja nicht. Also auch hier wieder meine Bitte an Sie.
Rechnen Sie mit allem. Fahren Sie so vorausschauend, dass Sie solche Situationen bedenken und gegebenenfalls reagieren können.
Und an die Lkw-Fahrer. Denken Sie bitte an den kleinen Autofahrer. Sie sind da oben in Ihrer Fahrerkabine, ich bin da unten in meinem kleinen Fahrzeug.
Natürlich ist ein Unfall, wenn es dazu kommt, für beide Seiten gefährlich, aber wenn ich an damals denke, dann wäre ich eventuell heute nicht mehr hier.

Wo wir gerade bei den Lkw sind.
Wie sieht das normalerweise auf der Autobahn aus? Rechts einige Lkw mit mehr oder weniger großen Abständen zueinander. Dazwischen Pkw und Transporter. Wobei dazwischen? Eher selten oder? Wundern Sie sich auch jedes Mal, dass die Pkw fast immer auf der linken Spur bleiben?

Anstatt nach dem Überholen eines Lkw, einfach wieder auf die rechte Spur zurückzufahren?
Na klar da hinten kommt ja noch ein Lkw. Der ist zwar noch ein zwei Kilometer weg, aber da bleibe ich doch lieber links.

Toll. Auch wieder Angst, wenn Sie zurückfahren würden, dass Sie nachher, wenn Sie auf den nächsten Lkw auflaufen, dann wieder nicht mehr rüberzukommen? Oh mein Gott. Sie müssten bremsen. Nein, das wäre schlimm. Da bleiben Sie lieber direkt links, auch wenn sich hinter Ihnen schon eine Schlange gebildet hat, die versetzt hinter Ihnen herfährt und sich wundert, warum es da vorn nicht weiter geht. Aber kein Problem, Sie bleiben links. Und wenn Sie schon einmal da sind, nehmen Sie die nächsten fünf Lkw auch noch mit, Sie sind ja gerade so schön im Fluss.

Wundern Sie sich bitte nicht, wenn Sie, nachdem Sie sich bequemt haben, wieder rechts rüber zu fahren, dass Sie dann freundlich an gehupt werden. Man macht das nur, um Ihnen zu gratulieren, für Ihr hervorragendes Überholmanöver.
Denn das Ganze geschieht schön mit höchstens 130-140 Km/h. Wir wollen das Auto ja nicht beschädigen.

100

Oder geschweige denn, dem Verkehr dazu verhelfen, ein fließender Verkehr zu sein. Nein, Sie haben das schon richtig gemacht.
Was wollen die hupenden Rowdies überhaupt?
Ich fahre doch sogar schneller, als die Richtgeschwindigkeit.

Keine Panik. Ich werde Sie nicht fragen, welcher von beiden Sie sind. Das können Sie mit sich selbst ausmachen. Was übrigens noch passiert, wenn wir an dem Überholprofi vorbeifahren?
Wir kriegen gern mal einen Vogel oder den Scheibenwischer gezeigt, weil wir ja die Bösen sind, die schon wieder drängeln und es so eilig haben. Ja ja, immer sind die anderen Schuld, niemals wir selbst.

Dann verlassen wir lieber mal wieder die Autobahn und widmen uns den anderen Kuriositäten des Alltags mit dem Thema Auto.

Wobei das nächste Thema recht naheliegend ist. Wir fahren von der Autobahn runter, haben natürlich spätestens ab dem 300 Meter-Hinweisschild den Blinker gesetzt. Vorbildlich. Wir kommen auf die Landstraße.
Ruhigeres Fahren als auf der überfüllten Autobahn, fast keine Lkw, besserer Blick in die Natur.

Alles viel schöner. Wenn da nur nicht ein Kollege von dem Autofahrer wäre, der gerade die ganzen Lkw auf der linken Spur mit einem „Affenzahn" überholt hat. Der fährt nämlich gerade vor uns.

Wie schnell darf man auf der Landstraße fahren, wenn keine Geschwindigkeitsbeschränkung gilt? Richtig, Tempo 100.
Das heißt aber nicht, dass der vor mir das auch macht. 70 Km/h, maximal 80 sind drin. Mehr verträgt der Wagen oder der Fahrer anscheinend nicht.

Na gut, wir sind auf der Landstraße, alles etwas entspannter, dann bleiben wir auch mal ganz gelassen und fahren hinter unserem Freund her.
Was passiert?
Der wird aber immer ein bisschen langsamer. Die Straße ist frei. Kein Gegenverkehr in Sicht. Okay dann überholen wir jetzt doch. Wir wollen ja schließlich auch mal an unserem Ziel ankommen. Ist ja hier keine Sonntagsfahrt.
In dem Moment, als wir zum Überholen ansetzen, gibt der vor uns auf einmal Gas. Warum auch immer. Na gut, sagen wir uns, dann bleiben wir eben dahinter, wenn er jetzt zügiger fährt, ist ja alles gut.

Sie ahnen schon was kommt. Es wird kurviger und er wird wieder langsamer. Das heißt in diesem konkreten Fall, er fährt sehr langsam durch die nächste Kurve, so dass es Ihnen reicht.
Nach der Kurve, auf der nächsten Geraden, ausscheren und überholen. Was passiert?
Der andere gibt auch wieder Gas und fährt doch wieder schneller weiter.
Sie können sich schon vorstellen was als nächstes kommt. Eine ganz enge Kurve, der vor Ihnen schleicht ganz langsam durch diese Kurve – wie geht es Ihnen jetzt?
Es soll ja Menschen geben, die stehen bildlich gesprochen hinter ihrem Lenkrad, Ellenbogen auf der Hupe, kurz vor der innerlichen Explosion – auf einmal gelingt es uns.
Wir haben die Chance zu überholen, sind auf gleicher Höhe, haben die Hand schon hoch zum Gruß, schauen rüber und sehen: Oh, das ist ja mein Chef, der in dem Auto sitzt und aus dem Gruß wird ein freundliches Winken, man denkt sich nur:
Wie fährt der denn Auto? Schaut noch mal rüber und sieht, das ist ja gar nicht mein Chef, der sieht nur so ähnlich aus, und zeigt dann doch noch schnell einen Vogel.
Wer ist das denn, der sich da so verhält, bzw. so gebärt?

Wir haben dem Ganzen einen Namen gegeben. Das ist unser **Neandertaler**.

Warum gerade Neandertaler?
Unsere Erde gibt es schon einige Millionen von Jahren. Uns Menschen vielleicht einige Tausend Jahre. Das heißt, gemessen am Zeitraum der Erde ein klitzekleiner Teil.
Wir haben uns aber entwickelt, also die meisten zumindest, vom damals Sammler und Jäger, hin zum heute so modernen Menschen. Gute Manieren, ordentliche Kleidung, usw.
Doch manchmal gibt es Situationen, da kommt der Neandertaler bei uns wieder zum Vorschein.

Dieser Neandertaler sitzt bei jedem von uns auf der Schulter. Den sieht man nicht, aber er sitzt da. Dieser Neandertaler entscheidet nämlich, kommt dort ein Freund oder ein Feind auf uns zu?
Ist es ein Freund, bleibt er ganz ruhig und gelassen. Kommt aber ein Feind auf uns zu, dann zückt der Neandertaler seine Keule und es kommt zum Kampf. Der Neandertaler des Gegenübers entscheidet jetzt, ob er sich dem Kampf stellt oder nicht.

Zu extrem?

104

Nein. Der Ton auf unseren Straßen wird immer rauer und die Situationen immer gefährlicher.

Vor kurzem war ein Bericht in der Zeitung, dass zwei Autofahrer unterschiedlicher Meinung waren, wer wie fahren darf. Auf einmal stieg ein Fahrer an der nächsten Ampel aus und bedrohte den anderen mit einer Schusswaffe. Ja, Sie lesen richtig. Mit einer Schusswaffe.

Wo sind wir denn hier? Sind wir wieder im Wilden Westen? Wie weit ist es mit uns Menschen geschehen, dass so etwas auf offener Straße und am helllichten Tag passiert? Werden wir Menschen immer aggressiver? Haben wir einfach zu viel Frust in uns? Ist der Druck generell zu groß?
Ich habe keine Ahnung. Ich weiß nur eines. Ich finde das sehr erschreckend und beängstigend.

Wenn wir uns dessen bewusst werden, wie viel tickende Zeitbomben es da draußen gibt, dann überlegen wir es uns vielleicht demnächst zweimal, ob wir dem anderen den Vogel zeigen oder lieber nicht.
Mal abgesehen davon, dass das verboten ist und ganz schön teuer werden kann. Das war übrigens früher auch mal anders.

Da waren solche Gesten, wie „Vogel zeigen" oder „Scheibenwischer" nicht direkt ein Grund den anderen anzuzeigen. Da hat man „zurückgegrüßt" und gut war es. Heute rennen viele sofort zur Polizei und erstatten Anzeige.

Also denken wir uns auch hier lieber wieder unseren Teil und machen uns bewusst, dass es nichts bringt, sich jetzt darüber aufzuregen.

Wir sind jetzt übrigens an unserem Ziel angekommen. Irgendwo in der Stadt und die Frage ist worüber wollen wir als nächstes reden?
Was halten Sie von Parkplätzen und Parkhäusern?
Nicht so spannend? Oh doch.

Wir unterscheiden ja von Parklücken die parallel zur Straße verlaufen und von Parkplätzen die quer oder diagonal zur Fahrbahn angelegt sind.

Warum ist Parken eigentlich so schwer? Ich meine jetzt nicht den Vorgang des Einparkens, wo ja die Männer immer schreien, dass Frauen nicht einparken können. Und sagen, Männer sind ja eh die besseren Autofahrer.
Ich habe schon genügend andere Beispiele erlebt.
Nein, darum geht es nicht.

106

Ich meine die bereits geparkten Autos.

Ist es Ihnen auch schon so ergangen, dass Sie irgendwo einen Parkplatz gesucht haben, sie sehen eine Lücke, fahren näher ran und müssen erkennen: Wieder so ein Fall, wo zwei Autos in einer Parklücke stehen, obwohl eigentlich locker drei Autos hineinpassen würden?

Prima. Suchen wir also weiter. Und ein paar Strassen weiter das gleiche Bild. Was denken sich diese Menschen, wenn sie ihr Auto abstellen?
Das sie allein auf diesem Planeten sind?
Denken die überhaupt?
Ich bezweifele das. Hauptsache mein Auto steht. Was die anderen machen ist doch nicht mein Problem. Nach mir die Sintflut.
Zu allem Übel stehen diese Autos meistens noch schräg oder einen halben Meter vom Bordstein entfernt in dieser Lücke.
Na toll, endlich mal wieder ein Grund sich zu „freuen". Ist ja auch schon lange her, dass wir uns über irgendetwas aufgeregt haben.

Wie bitte? Wir wollten uns doch nicht mehr aufregen? Da haben Sie vollkommen Recht.

Jedoch so ein kleines bisschen, nur ganz wenig fluchen wir doch gerade in unserem Auto, auf der Suche nach einer freien Parklücke oder?

Sie sagen jetzt vielleicht, ach das ist doch heutzutage alles kein Problem mehr. Rückfahrsensoren, Kameras, die alle Seiten überwachen, selbst einparkende Autos.
Und warum parken dann so viele Leute so schlecht?

Es gibt ja auch noch genügend Fahrzeuge ohne diesen ganzen technischen Schnickschnack?
Das ist richtig. Früher gab es das auch nicht. Verstehen Sie mich bitte nicht falsch. Ich bin keiner, der sagt, früher war alles besser. Auf gar keinen Fall.
Man muss nur auch Menschen haben, die mit diesen Veränderungen umgehen können.

Denken wir doch nur an das Handy. Gab es früher nicht. Was haben wir da nur gemacht?
So viel freie Zeit zur Verfügung. Das ist ja heute gar nicht mehr vorstellbar. Heutzutage sind wir immer und überall erreichbar. Das ist aber ein so umfassendes Thema, dass man da gut und gerne ein separates Buch drüber schreiben kann.

Es passt allerdings auch wunderbar zu unserem Thema.
Wir hatten ja anfangs schon darüber gesprochen, was Menschen so alles in Ihrem Auto machen. Und passend dazu folgender Fall.

Ich bin auf der Suche nach einem Parkplatz. Kein Parkhaus in der Nähe. Also die Straßen in der näheren Umgebung absuchen.
So wie mir geht es vielen. Vor mir ist auch ein Suchender. Ich erspähe in etwas Entfernung eine große Parklücke. Denke mir, die sieht der vor mir natürlich auch. Aber kein Problem, da passen gut und gern zwei Autos rein.
Er sieht die Lücke und beginnt sein Parkmanöver.
Ich warte dahinter.
Liebe Frauen, ich spreche hier bewusst von ihm. Es war ein Mann. Ich warte also, bis der Leidensgenosse sein Auto einparkt. Das macht er dann auch. Das Ganze geht recht flott. Wie gesagt, hier würden locker zwei Pkw hinein passen. Was macht er?
Er stellt sich so hin, dass kein anderer mehr reinpasst.
Das darf doch wohl nicht wahr sein. Der Typ steigt aus, Handy am Ohr und will tatsächlich so stehen bleiben und sein Auto verlassen. Aber nicht mit mir. Hand auf die Hupe, Fenster runter und los geht's.

Die Frage ist jetzt natürlich die.
Habe ich meinem Neandertaler freien Lauf gelassen oder habe ich den anderen freundlich darauf hingewiesen, dass dort zwei Autos Platz hätten?

Was denken Sie?
Ja okay, ich bin ja ehrlich. Ich habe es schon recht bestimmend und mit einer etwas lauteren Stimme aus meinem Fenster gerufen, ob er noch alle Tassen im Schrank hat!?

Was glauben Sie, hat er sein Auto so hingestellt, dass ich auch noch rein gepasst hätte?
Nein, natürlich nicht. Telefonierender Weise ging er weg und zeigte mir noch einen seiner Finger. Sie wissen schon, welchen ich meine.

Hätte er anders reagiert, wenn ich ihn nett und freundlich darauf hingewiesen hätte? Im Sinne von: „Entschuldigung, könnten Sie bitte Ihren Wagen so hinstellen, dass ich auch noch dort parken kann?"

Ich weiß es nicht. Vielleicht. Mein Neandertaler war auf jeden Fall nicht hilfreich. Mir ging es danach auch nicht besser.
Es gibt ja Menschen, die sagen, man muss seiner Wut auch mal freien Lauf lassen.

110

Hier hat es, wie gesagt, nichts gebracht.

Wobei ich mich im Nachhinein gefragt habe, ob er nicht Angst um sein Auto hatte?
Stellen wir uns doch nur einmal vor, ich wäre nicht so ein netter Zeitgenosse, der die ganze Sache letztendlich so hinnimmt. Stellen wir uns mal einen etwas größeren und aggressiveren Neandertaler vor.
Der steigt aus und tritt dem anderen erst mal eine fette Beule ins Auto. Oder noch schlimmer, er knöpft sich diesen Flegel persönlich vor.
Um Gottes Willen, soweit soll es bitte nicht kommen. Aber auch hier wieder die Frage:
Wer ist schuld? Wer provoziert denn hier wen?

Sie können es für sich selbst beantworten. Und Sie können für sich selbst beantworten, was Sie an meiner Stelle gemacht hätten?

Unser Fußgänger von vorhin, Sie erinnern sich noch an den langsam laufenden und provozierenden Menschen, der danach Anzeige erstattete?
Der hätte noch vor Ort die Polizei gerufen. Vielleicht dieses Mal zu Recht.
Ich habe dann übrigens nach einer Weile noch einen anderen Parkplatz gefunden.

Der war zwar eine ganze Ecke weiter weg, aber Hauptsache einen anständigen Parkplatz gefunden.

Wenn in der Nähe irgendwo ein Parkhaus gewesen wäre, hätte ich mir diesen ganzen Stress ersparen können. Allerdings sollten wir auch dort mit den so genannten Parkprofis rechnen. Warum?
Fahren wir mal rein in ein solches Parkhaus. Vorbei an den Frauenparkplätzen, hinter den Behindertenparkplätzen, da kommen unsere Bereiche.
Und auch hier steht schon der Eine oder Andere. Na klar, dafür ist das Parkhaus auch da.
Übrigens gibt es hier schöne, dicke, weiße Linien. Diese weisen uns den Platz zu, in dem wir unser Auto abstellen dürfen. Oder sollte ich lieber sagen, abstellen sollen?

Allerdings scheinen manche Autofahrer zu denken, dass das nicht für sie gilt. Warum soll ich mein Fahrzeug denn genau in die dafür vorgesehenen Felder parken? Ich kann mich doch auch so hinstellen, dass mein Beifahrer und ich bequem ein und aussteigen können. Also stelle ich mich direkt auf zwei Parkplätze.
Na gut, wenn Sie einen dicken, amerikanischen Straßenkreuzer fahren, dann habe ich dafür vollstes Verständnis. Aber die normalen deutschen Pkw?

Muss das sein? Haben Sie keine Angst, dass Ihnen ein frustrierter Autofahrer das Auto zerkratzt? Oder sollten wir besser sagen, dessen Neandertaler?

Aber auch hier sehe ich wieder über die mangelnde Umsicht der anderen Mitmenschen hinweg und suche mir einen anderen Parkplatz.

Wie sieht das eigentlich bei Ihnen aus? Parken Sie gern in Parkhäusern?
Es gibt ja da ganz verschiedene Varianten. Manche sind echt grausam. Enge Ein- und Ausfahrten. Sehr verwinkelt, viele Säulen und auch noch richtig teuer. Da vermiest einem allein schon das Parken die ganze Einkaufstour.
Es gibt aber auch schöne, helle und geräumige Parkhäuser. Da zahlt man auch gern mal einen Euro mehr.
Wenn da nicht nachher, vor mir an der Ausfahrt, wieder unser Freund von der Autobahn, bzw. der Landstraße wäre. Der schleicht nämlich auch hier Richtung Ausfahrt, steht viel zu weit weg vom Automaten, in den er seinen Parkcoin oder seine Parkkarte stecken müsste. Die Tür aufmachen und Aussteigen geht auch nicht, also Rückwärtsgang rein und neu rangieren.

Blöd nur, dass ich schon hinter ihm stehe und mich mal wieder frage, wo hat der nur Autofahren gelernt? Jetzt hupt er mich sogar an, dass ich nach hinten fahren soll. Das hinter mir aber schon der Nächste steht, kriegt der gar nicht mit.
Warten Sie, doch er bekommt es gerade mit, denn auch der freundliche Herr hinter mir hat eine funktionstüchtige Hupe. Und was für eine. Die schallt im Parkhaus so richtig schön. Und ich bin mal wieder mittendrin und denke nur. Wo bist du hier wieder reingeraten?

Sie fühlen mit mir? Das ist nett von Ihnen. Wahrscheinlich kennen Sie solche Situationen selber zu genüge. Ach, Sie sind der hinter mir. Besser als der vor mir. Ich mag den Klang Ihrer Hupe. Die übertönt so schön das Fluchen des Spezialisten vor mir.

Wir sind draußen. Irgendwie haben wir es geschafft. Also nicht aus dem Auto, sondern aus dem Parkhaus. Manchmal ist man aber auch ganz froh, wenn man aus dem Auto aussteigen kann, den Schlüssel beiseite legen kann und sich mit anderen schönen Dingen des Lebens beschäftigen darf. Wie z.B. ein gutes Buch zu lesen.

In unserem Fall ist es aber noch nicht ganz soweit, denn wir müssen noch eben zur Tankstelle. Das dürfte ja die leichteste Übung des heutigen Tages werden.
Wir kommen zur Tankstelle unseres Vertrauens, sehen auf die aktuelle Preistafel und stellen uns sofort die Frage: <u>Warum freue ich mich trotzdem?</u>

Wir werden uns jetzt nicht über die horrenden Spritkosten auslassen, das tun wir uns jetzt nicht auch noch an. Der Tag war schon stressig genug. Wir wollen einfach nur zur Zapfsäule, Sprit ins Auto und ab nach Hause. Aber dieses einfach nur zur Zapfsäule ist oftmals leichter gesagt als getan. Kennen Sie das auch?

Sie fahren auf das Gelände der Tankstelle, vor Ihnen fährt jemand, der die gleiche Idee hat. Er steuert zielstrebig die vorderste, freie Zapfsäule an und steht. Was er jedoch nicht merkt. Ich stehe hinter ihm und möchte gern auch an eine Zapfsäule. Die Hinteren sind nämlich auch noch frei. Ich komme jedoch nicht durch, weil er nicht bis zur letzten freien Säule durchgefahren ist und somit alles blockiert. Die anderen vorderen Plätze sind auch belegt. Also kein Durchkommen.

Warum denkt eigentlich keiner mit, wenn er im Auto sitzt. Wieder abgelenkt von Tausend anderen Sachen?
Ich soll mich nicht so anstellen? Ich kann doch wohl warten, bis eine Säule frei wird?
Natürlich kann ich das. Will ich aber nicht. Ich will nicht schon wieder warten. Im Stau in der Stadt warte ich schon genug.
Auf der Autobahn warte ich bis der Langsame in Ruhe die Lkw überholt hat.
Und auf der Landstraße warte ich auch ganz geduldig. Wer weiß, wen man dort so trifft? Vom Parkhaus ganz zu schweigen.

Nein, ich will nicht mehr warten. Ich will tanken und ab nach Hause. Also Neandertaler aktiviert, Fenster auf, Hupe angetestet und los geht's...

In dem Moment denke ich nur, den Wagen kennst du doch, der Typ der da gerade aussteigt mit seinem Handy am Ohr... Nein, es ist nicht der Parkrowdie mit dem Stinkefinger. Aber er sieht so ähnlich aus.

Im nächsten Moment fährt ein anderer weg und ich kann an eine freie Zapfsäule. An eine aus meiner Sicht hinteren.

Genau als ich das tun will, kommt mir ein Transporter von der anderen Seite der Tankstelle entgegen, stellt sich so geschickt an seine Zapfsäule, dass ich zwar an meine Säule fahren könnte, aber nicht mehr die Möglichkeit hätte auszusteigen. Was würden Sie jetzt tun?
Ich will keine neuen Freunde an der Tankstelle finden, also bekommt auch der Fahrer des Transporters ein paar nette Worte. Mein Neandertaler ist sowieso gerade in Stimmung.
Dieser Andere ist allerdings zwei Meter groß und richtig breit. So ein Typ Möbelpacker. Und schon wird mein Neandertaler leiser und leiser und zieht sich wieder zurück. Eine kluge Entscheidung.

Ich warte dann wohl doch lieber. Auf das bisschen mehr Warten kommt es heute auch nicht mehr an. Warum habe ich es auch immer so eilig?
Warum mache ich immer so einen Stress?
Geschieht mir doch Recht.
Auch hier wieder die Frage an Sie: Was hätten Sie gemacht? Wie hätten Sie in meiner Situation reagiert?

Ich muss echt mal entspannter werden. Man darf von anderen einfach nicht die Dinge erwarten, die man selber macht.

Sonst wären ja alle Menschen gleich. Das wohl nicht, aber langweilig wäre es dann schon oder? Dann hätten wir ja gar nichts mehr, worüber wir uns aufregen könnten? Ich denke da gibt es noch genügend andere Themen?

Während ich jetzt endlich beim Tanken bin, schaue ich mir die Wetter-App auf meinem Handy an.
Die Wettervorhersage, für die Älteren unter uns. Die sagt für die nächsten Tage nur schönes Wetter voraus. Ich sehe mir mein verdrecktes Auto an, gucke auf die Uhr und entscheide mich, noch durch die Waschanlage zu fahren. Nicht die an der Tankstelle, sondern eine professionelle Waschstraße.

Mir ist bewusst, dass ich wahrscheinlich auch dort wieder eine Weile warten muss. Wenn man sich mal überlegt, wie viel Zeit man im Leben allein mit Warten verschwendet, ist das echt erschreckend. Aber es muss ja sein, wir haben ja oftmals keine andere Wahl.

Wie gut, dass es Handys gibt. Da kann man surfen, spielen oder eben telefonieren, wenn man mal etwas länger warten muss.
Fahren Sie mit Ihrem Fahrzeug auch öfter durch die Waschstraße?

Man sagt ja, das wäre mit das liebste Hobby von uns Männern. Auto waschen. Alle zwei Wochen sind Minimum. Können die Frauen wahrscheinlich nicht nachvollziehen. Meine Frau kann das auch nicht verstehen.
„Warum willst du den Wagen denn schon wieder waschen, der ist doch noch okay." Okay ist aber nicht gut genug, der muss blitzen und blinken. So sind wir Männer eben.

Auch eine schöne Aussage meiner Frau:
„Wieso denn schon wieder waschen, der wird doch eh wieder dreckig."
Kennen Sie? Wir lassen uns aber darüber jetzt nicht weiter aus. Das Thema Männer und Frauen bearbeiten andere Leute schon sehr zutreffend, ausführlich und auch lustig.
Wir waschen unser Auto so oft wir wollen. Wenn es sein muss, auch einmal die Woche.

Auf der Einfahrt zur Waschstraße ist natürlich eine Schlange wartender Autos. War ja klar, dass einige die gleiche Idee hatten, wie ich. Zwei Waschstraßen verlaufen parallel, zwei Schlangen parallel. Ein paar Autos vor mir geht es nicht weiter. Ich schaue, was da los ist. Was sehe ich? Einen Menschen, der mit seiner Dachantenne kämpft.

Die will auf Gedeih und Verderb einfach nicht abgehen. Nach einer gefühlten Ewigkeit, hat er es geschafft und es geht weiter.
Der nächste Moment des Schreckens kommt zugleich. Das freundliche Waschstraßenpersonal möchte jetzt wissen, welches Programm er denn gern hätte. Äh, welche gibt es denn? Entscheidung treffen, los jetzt. Ich will hier nicht einschlafen. Oh, zahlen muss er ja auch noch. Wo ist jetzt nur sein Portemonnaie?

Ein schlauer Mensch hat mal gesagt:
90% des Erfolges ist Vorbereitung.

Das war jetzt nicht unbedingt auf die Waschstraße bezogen, trifft aber, wie man sieht, auch hier wunderbar ins Schwarze.

Es geht weiter, ich bin dran. Programm 2 bitte. Danke. Weiterfahren. Im inneren der Waschstraße der nächste Dämpfer. Es sind nicht beide Laufbänder aktiv, sondern nur eines. Das heißt, Reißverschlussverfahren. Da war doch mal was. Alle müssen auf ein Band. Ich freue mich.
Hier gibt es glücklicherweise einen Mitarbeiter, der dafür sorgt, dass alle das auch auf die Reihe bekommen und jeder einen anderen Pkw rein lässt.

120

Ich frage mich gerade, wie es wäre, wenn dort kein Personal den Einweiser machen würde?
Wahrscheinlich gäbe es Mord und Todschlag.

Es funktioniert hier einigermaßen reibungslos.
Nach dem Waschgang heißt es, auf zum Abledern und Saugen. Ja richtig, schön das noch viel zu nasse Auto abledern, sonst gibt es überall diese hässlichen Wasserflecken. Wenn schon denn schon.
Wenn wir etwas machen, dann auch richtig.

Ich höre schon wieder die Frauen sagen: Der hat doch einen Knall. Einmal durchfahren und weiter geht's. Das reicht vollkommen.
Nein liebe Frauen. Für uns Männer war es das noch nicht. Wir putzen zwar vielleicht zu Hause weniger, als wir sollten, aber unser Auto muss danach aussehen wie neu.
Also ab zu den Saugern. Leichter gesagt als getan. Ziemlich voll hier. Hatten doch noch einige mehr die gleiche Idee. Aber ich sehe eine freie Stelle. Schnell da hin.
Allerdings steht auf der linken Seite mal wieder so ein „Autolüfter". Kennen Sie die? Wissen Sie sofort, wen ich meine? Na klar. Alle vier Türen sperrangelweit offen, Motorhaube und Kofferraum natürlich auch.

Auf der rechten Seite saugt gerade ein anderer seine Fahrerseite. Es wir eng. Die Lücke ist ganz schön klein.
Gut, der Autolüfter sieht, dass ich da rein will. Er könnte ja jetzt die beiden Türen zu meiner Seite schließen, macht er aber nicht. Prima. Noch so ein Egoist.

Ich quetsche mich also vorsichtig in Lücke. Habe Schwierigkeiten überhaupt auszusteigen, aber das interessiert immer noch keinen. Auch mein böser Blick zu dem Nachbarn löst keine Reaktionen aus. Sie merken es. Mein Neandertaler will sich wieder bemerkbar machen. Noch halte ich ihn aber ganz gut im Zaum.
Also erst mal das Auto abledern, vielleicht sieht die ganze Sache danach schon wieder etwas anders aus. Wir wollen ja positiv denken, weil wir ja gelernt haben, dass es unsere <u>Vorstellungen</u> sind, die <u>unser Verhalten bestimmen</u>. Also freue ich mich über mein sauberes Auto.
So, fertig mit dem Abledern. Jetzt muss noch gesaugt werden. Beifahrerseite geht nicht, weil mein Nachbar zur Rechten mit dem Sauger für die linke Seite auch die Beifahrerseite seines Autos saugt. Obwohl er auf der rechten Seite einen separaten Sauger dafür hätte.

Na gut, dann fange ich auf der anderen Seite an. Da hat allerdings der Autolüfter immer noch alles auf Durchzug. Bei ihm sind die Scheiben dran.
Der Sauger ist zwar frei, doch wie soll ich meine Türe öffnen? Also, Sauger in die Hand, Blick zur Seite. Keine Reaktion.
„Entschuldigung, ich würde gern saugen, können Sie Ihre Türe bitte schließen."
Was bekomme ich als Antwort?
„Da muss ich gleich noch dran."

Sie haben es sicher bemerkt. Ich habe nett und freundlich gefragt. Okay, vielleicht hat meine Mimik nicht zu meinen gesprochenen Worten gepasst, das kann sein. Aber ich habe es zumindest versucht.

Er muss da gleich noch dran!? Na und. Darf ich deshalb nicht saugen? Soll ich so lange warten, bis er fertig ist? Nein. Mit Sicherheit nicht. Was würden Sie jetzt an meiner Stelle machen?
Oder sind Sie der Autolüfter? Ich hoffe doch nicht. Wenn ja. Es gibt ja auch nette und mitdenkende, die ihre Türen schon schließen, wenn sie sehen, dass da ein anderer zum Saugen kommt. Es gibt ja immer solche und solche. Zurück zu unserem Sturkopf. Was würden Sie also tun?

Ich kann Ihnen sagen, was ich getan habe. Ich habe einfach seine Tür zugemacht, meine Tür auf und begonnen meine Fahrerseite zu saugen.
Großer Fehler. Jetzt erwachte nämlich der Neandertaler des Autolüfters.
„Wie können Sie einfach mein Auto anfassen? Sie können doch nicht einfach meine Tür zu machen."
„Doch kann ich, sie sehen es ja. Aber wenn Sie möchten, dass ich ihren Lack mit dem Schlauch des Saugers zerkratze, kein Problem, dann lassen Sie alles offen."
„Da müssen Sie eben vorsichtig sein." Sagt er zu mir.
„Das tut mir leid, ich habe zwei linke Hände, so ist es glaube ich besser."
Und habe einfach weitergesaugt. <u>Unrat vorbeiziehen</u> lassen habe ich mir in dem Moment gesagt. Warum über so einen aufregen, das lohnt sich nicht. Gut reagiert?

Das Ganze hatte zufällig ein Mitarbeiter der Waschstraße beobachtet und den Mann freundlich aber bestimmt darauf hingewiesen, dass er den anderen auch etwas Platz lassen müsse.

Was habe ich also gemacht?

Entgegen meiner ersten Intention habe ich meinen Neandertaler relativ ruhig auf meiner Schulter sitzen lassen und habe ein anderes Werkzeug genutzt, um ihn zur Einsicht zu bewegen, bzw. die Situation geschickt zu entschärfen.

Und zwar: **Wer begründet – überzeugt** in Kombination mit: **Ein Bild sagt mehr als 1000 Worte.**

Immer dann, wenn man seinem Gegenüber eine sinnvolle Begründung nennt und das Ganze bildlich darstellt (Kratzer, zwei linke Hände), ist er vielleicht eher bereit es zu verstehen und auch einzusehen.

Diese beiden Punkte in Verbindung mit **Unrat vorbeiziehen lassen**, können ein sehr schönes Mittel sein, um aus schwierigen Situationen elegant herauszukommen.

Warum ist das für uns Menschen generell so wichtig? Immer dann, wenn wir unserem Gesprächspartner eine Frage stellen oder etwas erklären wollen, kann es passieren, dass er sich fragt: Warum will er das wissen? Was will er von mir? Um diese negative Wirkung zu vermeiden, sollten wir bei wichtigen Fragen oder Themen eine Begründung einbauen, die z.B. lauten kann:

Ich frage das deshalb weil… Oder: Ich frage das aus folgendem Grund…
Und schon ist der andere viel eher im Bild und bereit, uns eine umfassende Antwort zu geben, weil er weiß warum ich das von ihm wissen möchte.

Denken Sie bitte nur mal an sich selbst. Wenn ein Versicherungs- oder Bankberater Sie fragt:
„Sagen Sie mal, wie viel Geld verdienen Sie denn so im Jahr?"
Dann werden Sie wahrscheinlich sagen: „Das geht Sie überhaupt nichts an."
Wenn er Sie aber fragt:
„Sagen Sie mal, wie viel Geld verdienen Sie denn so im Jahr, ich frage das deshalb, damit Sie auch im Alter Ihren heutigen Lebensstandard beibehalten können?"
Worauf geben Sie eher eine Antwort mit der entsprechenden Information?

Ein weiterer Aspekt einer solchen Vorgehensweise ist der, dass wir andere nicht mehr von etwas überzeugen müssen. Wie oft hört man speziell Verkäufer sagen, ich will meine Kunden besser überzeugen. Wie geht es Ihnen eigentlich, wenn ein Verkäufer, Ihr Ehepartner oder Lebensgefährte auf Sie zukommt und Sie von etwas überzeugen möchte?

Sind Sie dann aufgeschlossen oder eher verschlossen? Wahrscheinlich erst mal verschlossen, weil man denkt, der will doch nur was verkaufen oder die oder der will doch nur seine Meinung durchboxen.

Wenn es uns aber gelingt, dem anderen zu helfen, sich selbst von etwas zu überzeugen, dann „verkauft" er oder sie sich die Idee doch selber. Und welche Ideen und Meinungen sind immer die schönsten? Seine eigenen, ist doch klar.

Und genau so können wir anderen Menschen ein Bild transportieren, das ihnen die Entscheidung leichter macht. Ganz nach dem Motto:
Ein Bild sagt mehr als 1000 Worte.

Apropos ein Bild sagt mehr als 1000 Worte.
Mein Auto sieht aus wie neu. Das blitzt und funkelt, eine wahre Freude. Endlich mal wieder ein Grund sich zu freuen. Hoffentlich hat die Wetter-App Recht und es bleibt die nächsten Tage trocken. Wie oft hat das schon nicht gestimmt? Aber was soll es? Wir gehen doch gern unser Auto waschen. Soll es doch ruhig bald wieder regnen. Mit dem Kerl in Waschanlage wissen wir ja jetzt umzugehen. Der bringt uns so schnell nicht mehr aus der Ruhe.

127

Die Ruhe weg haben ja auch einige Autofahrer auf unseren schönen Straßen. Wobei schöne Straßen ist relativ. Wo fangen wir jetzt an?
Bei den Schnarchnasen oder bei den kaputten Straßen mit allen ihren Schlaglöchern und Unebenheiten?

Lassen Sie uns einfach beides miteinander kombinieren? Wieso? Man könnte nämlich denken, dass es dort einen Zusammenhang gibt. Ist aber, so glaube ich, nur manchmal der Fall.
Vollkommen nachvollziehbar ist es, wenn Verkehrsteilnehmer auf sehr maroden Straßen, die übersäht sind mit Schlaglöchern oder Hubbeln von ausgebesserten Schlaglöchern, dass sie dort recht langsam und vorsichtig fahren.
Denn wer von Ihnen schon mal mit normalem Tempo in ein solches Schlagloch gefahren ist, der weiß wovon ich rede. Das tut richtig weh. Nicht nur dem Auto, sondern auch uns selbst. Das rumst und kracht im ganzen Auto. Man hat das Gefühl, die Stoßdämpfer und Federbeine schreien vor Schmerzen.

Haben Sie dann nicht auch schon geschimpft wie ein Rohrspatz? Diese sch... Schlaglöcher. Die Stadt macht aber auch nichts.

Das Geld wird für alles andere verplempert, nur nicht für unsere Straßen ausgegeben. Kenne ich gut. Geht mir auch so.
Man muss sich also nicht wundern, wenn die Leute auf manchen Straßen sehr langsam oder sogar Zickzack fahren. Einige Straßen sind so schlimm, da wünscht man sich einen Geländewagen unterm Allerwertesten. Wohl dem, der einen solchen Wagen fährt. Sonst in der Großstadt vielleicht gern belächelt, aber in solchen Gegenden sehr vorteilhaft.

Leider gibt es aber auch auf den gut befahrbaren Straßen, den einen oder anderen, ja wie sollen wir ihn nennen, Trödler, Langsamfahrer, Sonntagsfahrer.
Was kann das für Gründe haben, dass die Geschwindigkeit von 50 Km/h weit unterschritten wird?
Nun, das können die schon beschriebenen Auslöser sein, wie z.B.: Telefonieren, Essen, Schminken, Zeitung lesen, usw.

Nur wie oft hat man einen Menschen vor sich, wo alles das nicht zutrifft? Der fährt einfach nur langsam. Dem ist egal, ob er die Ampel noch bei grün erwischt.

Der bleibt auch gern bei grün schon fast stehen.
Der hat doch Zeit.

Aha, da haben wir ihn ertappt, den Rentner.
Denken aber auch nur Sie. Das können alle möglichen Leute sein.
Natürlich wird der Rentner, als Klischee, gern genommen. Am besten noch Hut auf und den Wackeldackel auf der Hutablage.

In der Realität sind das aber alle möglichen Leute.
Gut, Fahranfänger, Fahrschulwagen, usw., denen verzeiht man so etwas. Das haben wir auch alle einmal selbst erlebt und wir wissen, wie aufregend das am Anfang alles war.
Wobei es leider auch Menschen gibt, die einen Fahrschüler, der sein Auto an der Ampel abgewürgt hat, gnadenlos anhupen. Was soll das bringen?
Die arme Person wird dadurch nicht sicherer. Im Gegenteil. Manchmal wird der Wagen noch ein zweites oder drittes Mal abgewürgt.
Also, seien Sie entspannt, Sie waren auch mal in der Situation.
Sie haben Ihr Auto nie abgewürgt? Sie waren der mit den wenigsten Fahrstunden? Und die Theorie direkt beim ersten Mal bestanden?

Oh, Entschuldigung. Ich wollte Ihnen nicht zu nahe treten. Sie sind aber auch ein toller Hecht.
Für die zukünftigen Autofahrer unter uns. Es ist nicht schlimm, wenn man mal durch die Theorie fällt. Es ist auch nicht schlimm, wenn man sein Auto beim Anfahren mal abwürgt oder die eine oder andere Fahrstunde mehr braucht. Daraus kann man nur lernen. Also lassen Sie sich von den ganzen Vollprofis nicht verrückt machen.
Ich muss unweigerlich wieder an meine Nichte denken. Die Arme hat wahrscheinlich genau solche Situationen noch vor sich. Lass dich nicht unterkriegen. Du schaffst das schon, möchte man ihr am liebsten zurufen.

Zurück zum Thema. Warum fahren manche Menschen so extrem langsam, obwohl es keine Gefahrensituationen gibt?
Wetterverhältnisse und Dunkelheit, das haben wir ja alles schon angesprochen. Es ist helllichter Tag, die Sonne scheint, normales Verkehrsaufkommen. Aber Höchstgeschwindigkeit 40 max. 45 km/h. Warum?
Unsicher? Ängstlich? Unerfahren? Schlechte Erfahrungen?
Ich weiß es auch nicht. Alles Mögliche können Gründe dafür sein.

131

Liebe „Langsamfahrer", wir können nichts dafür, dass es die Möglichkeit gibt, schneller zu fahren. Wir wollen doch nur in einem angemessen Zeitraum unser Ziel erreichen. Also seien Sie nicht sauer, wenn Sie mal jemand anhupt oder mit der Lichthupe signalisiert, dass vor Ihnen alles frei ist und Sie den ganzen Verkehr aufhalten. Verzeihen Sie uns, wenn wir nicht so viel Zeit haben wie Sie.

Jetzt höre ich schon wieder die Leute sagen: Immer dieser Zeitdruck, dieses Drängeln, diese Raser. Genau das verursacht doch die Unsicherheit der anderen. Genau dadurch entstehen doch die ganzen Unfälle.

Sie haben Recht. Das kann passieren. Ich rede auch nicht vom Rasen oder so dicht auffahren, dass man fast im Kofferraum hängt. Nein, das meine ich nicht. Das sollten wir auf gar keinen Fall tun. Das gefährdet andere und uns selbst.

Allerdings ist auch ein solch langsam fahrender Zeitgenosse in mancher Situation gefährlich für den Straßenverkehr. Warum?
Sie hindern den Verkehr daran zu fließen. Soll heißen, es entsteht sehr schnell Stau. Und das ist ja bekanntlich unser Lieblingsthema.

Oder es kommt zu anderen gefährlichen Situationen.
Wir fahren auf eine grüne Ampel zu. Auf einmal schlägt die Ampel auf gelb. Wir denken, der vor uns fährt noch durch, weil er schon fast auf gleicher Höhe mit der Ampel ist, also geben wir auch Gas.
Doch was passiert?
Der Fahrer vor uns entscheidet sich anders, bremst abrupt ab, obwohl noch genügend Zeit gewesen wäre, diese Ampel hinter sich zu lassen. Und wir müssen jetzt auch stark bremsen, um ihm nicht hinten rein zu fahren.
Warum fährt er nicht noch durch? Gelb heißt, Achtung, gleich wird die Ampel rot. Es heißt aber nicht, stopp, Durchfahrt verboten.
Oder sehe ich das irgendwie falsch?
Nur ein Beispiel, wie gefährlich solche Situationen sein können.

Hupen Sie jetzt aber bitte ja nicht Ihren Vordermann an. Er hat doch nichts falsch gemacht. Er will doch nur nicht bei rot über die Ampel fahren.
Okay, das können wir ja auch alle nachvollziehen.
Nur zu ängstlich im Straßenverkehr unterwegs zu sein, kann auch schnell nach hinten losgehen.
Aber da sind ja auch diese ganzen Verkehrsregeln, die beachtet werden müssen.

Das ist schon alles nicht so einfach.
Aber in der Fahrschule waren wir doch alle oder?
Also müssten uns die meisten Regeln doch bekannt sein.
Ich meine bewusst die meisten. Denn wenn wir heute noch mal zur Theorieprüfung müssten, würden wir die dann auf Anhieb bestehen?
Da gibt es Fallbeispiele, wo man denkt, was ist denn hier los?
Gucken Sie sich doch nur so zum Spaß mal die aktuellen Fragen zu solch einer Theorieprüfung im Internet an. Sie werden überrascht sein, welche Verkehrsregeln es so alles gibt.

Wobei es auch tagtäglich verschiedene Beispiele gibt, dass das anscheinend gar nicht so einfach ist mit diesen gemeinen Verkehrsregeln. Man könnte sie auch gern als ES-Hindernisse betrachten. Sie erinnern sich?

Konkretes Beispiel hierfür:
Der grüne Pfeil. Kennen Sie nicht? Hat nichts mit Wiederverwertung zu tun. Es gibt immer mal wieder Ampeln, da hängt neben den normalen Farben ein grüner Pfeil. Was sagt der aus?
Richtig, auch wenn die Ampel rot anzeigt, darf man trotzdem in eine Richtung abbiegen.

Wie darf man abbiegen?
Ohne anzuhalten, einfach durchfahren?
Nein. An der roten Ampel zum Stillstand kommen. Dann abbiegen.

Was passiert aber sehr häufig in der Praxis?
Man steht hinter einem Fahrzeug an dieser roten Ampel mit dem grünen Pfeil. Der Wagen vor uns steht und steht und steht. Er hat schon seinen Blinker gesetzt, das heißt, er will abbiegen, tut es aber nicht.
Also, kurz mal auf die Hupe. Wie reagiert der Fahrer vor uns? Er signalisiert uns, dass doch rot ist. Wir signalisieren, dass dort ein grüner Pfeil ist.
Ach, es ist doch immer wieder schön, wenn sich zwei Autofahrer nur durch Gesten miteinander unterhalten. Kommt nämlich meistens nichts dabei rum. Höchstens, dass der eine sauer ist auf den anderen oder beide auf sich.

Sie sagen es. Endlich mal wieder ein Grund zur „Freude". Wird ja auch mal wieder Zeit, dass wir was zu meckern haben. Wobei es ja schon gerechtfertigt ist. Das Problem ist nur, das interessiert den Fahrer vor uns doch nicht.

Wenn er denn dann mal abgebogen ist, haben wir vielleicht noch das Pech, das wir einen dieser Langsamfahrer vor uns haben, der jetzt erst recht langsam fährt, um es uns zu zeigen.
Wir sind ja der Übeltäter. Was hupen wir den anderen an? Wieso nehmen wir uns die Frechheit raus, ihn auf etwas hinzuweisen? Er ist schließlich in Besitz einer gültigen Fahrerlaubnis. Hoffentlich ist er das.

Jetzt stellen wir uns vor, dieser Kandidat muss als nächstes noch durch einen Kreisverkehr.
Aber bitte nicht, wenn ich hinter ihm bin. Klingt ganz schön gehässig?

Auch hier trennt sich die Spreu vom Weizen. Wie fährt man in einen Kreisverkehr und wie wieder hinaus? Alles ganz einfach? Sagen Sie.
Glücklicherweise gibt es bei uns in Deutschland nicht so viele Kreisverkehre wie im Ausland. Wenn ich zum Beispiel an Spanien denke, da gibt es die alle paar Meter.
Aber anders herum würde es vielleicht helfen, dass die Menschen damit besser klar kommen, wenn wir mehrere davon hätten.
Woran denken Sie, wenn Sie Kreisverkehr hören?

136

Dass die meisten nicht blinken, wenn sie ihn wieder verlassen. Ging mir auch sofort durch den Kopf. Da haben wir sie wieder, unsere Nichtblinker. Die Verweigerer. Ob die auch nicht beim Bund waren? Das ist aber ein völlig anderes Thema und steht, glaube ich, nicht in Zusammenhang mit dem Fahrverhalten von uns Menschen.
Auf jeden Fall haben Sie Recht. Die Meisten blinken einfach nicht. Das kann jetzt auch hier wieder die verschiedensten Gründe haben.

Wenn man sich einem Kreisverkehr nähert, schaut man ja nach links, um zu sehen, ob einer kommt, der weiterfährt.
Jetzt ist es ja in den seltensten Fällen so, dass gar kein Auto in diesem Hamsterrad unterwegs ist. Das wäre schön und einfach. Das Ganze gleicht vielleicht doch eher einer Lotteriekugel und nicht unbedingt einem Hamsterrad. Warum?
In der Lotteriekugel weiß man ja auch nicht, welche Kugel gleich raus fällt. Im Kreisverkehr ist das genauso. Wir könnten jetzt gut und gern Wetten darauf abschließen, wer raus und wer weiterfährt.

Gut, der eine oder andere blinkt dann doch, wenn auch meistens so spät, dass er es dann auch nicht mehr bräuchte.

Übrigens müssen Sie nicht blinken, wenn Sie in einen Kreisverkehr hineinfahren. Manche übertreiben es aber auch mit der Blinkerei. Das sind allerdings oftmals die, die generell schon so früh blinken, dass man denkt, okay der will jetzt in die nächste Straße abbiegen. Weit gefehlt. Der biegt erst in die dritte Straße ab. Aber Hauptsache schon mal geblinkt. Ist doch verrückt. Es gibt solche und solche. Und solche, die einfach alles richtig machen, aber die mag ja keiner.

War früher in der Schule auch schon so. Die Streber mochte keiner, außer andere Streber. Die coolen Typen, waren meist die Rebellen. Da wollte man dazugehören. Bei denen wollte man auf dem Schulhof stehen. Nicht bei den Nerds, die nur Schule und Lernen im Kopf hatten.

Wobei, wenn man sich manchmal die Fahrer der Autos ansieht, dann kommen die einem doch irgendwie bekannt vor. Was bitte nicht heißen soll, liebe junge Leute, die Ihr gerade dieses Buch lest, dass Schule und Lernen nicht wichtig seien. Ganz im Gegenteil. Wenn ich die Möglichkeit hätte, die Zeit zurückzudrehen, dann würde ich als junger Mensch so einiges anders machen.

Ich schweife ab. Die Wenigsten machen im Straßenverkehr alles richtig, Das ist vielleicht auch zu viel verlangt. Wichtig ist es aber, die Grundlagen des Straßenverkehrs zu beherrschen, so dass alle Beteiligten wieder mehr Freude am Autofahren haben. Denn Sie erinnern sich vielleicht, das war ja unser Ziel. Also sollte jeder Rücksicht auf den anderen nehmen. Das wäre schön oder?

Warum soll ich Rücksicht auf die anderen nehmen, auf mich nimmt ja auch keiner Rücksicht?
Das ist die richtige Einstellung. So klappt das bestimmt.

Ich habe mal einen Geschäftsführer kennengelernt, der hat folgendes gesagt:
„Wieso soll ich meine Mitarbeiter loben, mich lobt ja auch keiner. Die werden schließlich fürstlich von mir bezahlt, das muss reichen."

Ob das sinnvoll, bzw. hilfreich ist, ein motiviertes Team zu bekommen, sei dahin gestellt.

Worauf möchte ich hinaus?
Auf den Punkt **ICH DU ES**. Die drei Hindernisse, die uns täglich begegnen. Wir können das DU und ES-Hindernis nicht auf Anhieb verändern.

Wir können uns aber so verändern, dass es uns leichter fällt mit diesen Hindernissen besser fertig zu werden.
Allerdings gehört da die Bereitschaft zu, an sich arbeiten zu wollen. Aber wenn Sie mir schon so weit gefolgt sind, dann ist das ja ein Klacks für Sie.

Nicht dass Sie jetzt denken, das Buch wäre hier an dieser Stelle zu Ende. Nein, es gibt noch ein paar Anekdoten aus unserem täglichen Leben, die erwähnenswert sind.

Was könnte das sein? Wir haben doch schon so viele Themen besprochen. Ein Thema haben wir so aber noch gar nicht besprochen.
Wem begegnen Sie im Straßenverkehr lieber, Bussen oder Bahnen?
Beides nicht so toll? Das stimmt. Wobei Bahnen ja ihre Fahrtstrecke nicht verlassen können, d.h., keine Spurwechsel vornehmen können. Das ist schon mal ein positiver Aspekt.
Dafür sind Straßenbahnen aber ganz schön lang. Die nehmen den Autofahrern schon eine Menge Platz weg. Oftmals fahren die aber sowieso auf Bereichen, die nur sie befahren dürfen.

Obwohl, wenn wir uns das so recht überlegen…

Wenn da überall auch Autos fahren dürften, dann gäbe es doch viel weniger Staus oder?
Wieder so ein ES-Hindernis, auf das wir keinen Einfluss haben. Viele Städte gehen ja schon den Weg, dass sie eine Vielzahl der Schienen unterirdisch verlaufen lassen. Also, man hat das Problem schon erkannt. Wäre auch traurig wenn nicht. Das geht allerdings nicht überall, so dass es vorkommt, dass wir wieder mal eine solche Straßenbahn vor der Nase haben.

Worum geht's?
Zweispurige Straße, linke Spur für die Bahn, rechte für die Autos. Auf der rechten Seite vor der nächsten Ampel ist die Bahnhaltestelle. Die Bahn hält an. Wir bleiben stehen, damit die Menschen ein- und aussteigen können. So weit so gut.
Wie lange bleiben wir stehen?
Hinter uns schon wieder ein nervöser, ein ganz hektischer, der hat es richtig eilig. Also nicht der normal oder zügig Fahrende, sonder eher der Typ Raser. Vorn ist doch frei, kein Mensch mehr zu sehen, also gib Gas.
Machen wir aber nicht. Ätsch. Die Türen der Bahn sind noch nicht geschlossen, es könnte ja noch einer schnell ein- oder aussteigen wollen.

Erst wenn die Bahn langsam losfährt, können wir auch weiterfahren, ohne jemanden zu gefährden. Schön haben wir in der Fahrschule aufgepasst.

Ändert aber nichts an der Tatsache, dass der Hintermann uns fast ins Auto fährt. Und? Jetzt schön exakt 50 Km/h fahren? Oder besser noch, nur 45 km/h? Den anderen ein bisschen provozieren?
Ich bitte Sie, das haben wir doch nicht nötig. Das überlassen wir denen, die sonst keine Hobbys haben.

Vielleicht sitzen Sie ja gerade in dieser Straßenbahn, weil Sie keine Lust mehr hatten, mit dem Auto zu fahren. Dann denken Sie sich wahrscheinlich gerade: Was für ein Stress, den die da wieder machen. Hier in der Bahn ist alles völlig entspannt.
Na ja, bis auf die anderen Fahrgäste. Aber das Thema hatten wir ja schon.

Jetzt gibt es ja, wie eben erwähnt, nicht nur Strassenbahnen, sondern auch Busse, die uns täglich begleiten. Besonders schön sind immer diese Aufkleber auf den Bussen. An meiner Stelle könnten auch 50 Autos vor Ihnen herfahren. Das stimmt. Schlimmer geht immer.

Aber solche Busse sind schon ganz schön breit und lang. Gar nicht so einfach, bei engen Straßenverhältnissen an einem solchen Ungetüm vorbeizufahren. Hier merkt man sehr schnell, wer Vertrauen in seine Fahrkünste und in sein Auto hat.
Die, die davon weniger haben, bleiben lieber auf Abstand. Halten allerdings damit manchmal auch wiederum den Verkehr auf.
Im Gegensatz zu den Straßenbahnen können die Busfahrer aber ihre Fahrspuren wechseln. Sie müssen zum Teil also auch die „normalen" Straßen befahren.

Wie oft ist es Ihnen schon so ergangen, dass genau das zu einer brenzligen Situation geführt hat?
Ist nicht ohne, wenn da so ein tonnenschwerer Bus mal eben rüberzieht. Und wir sind ja nicht auf der Autobahn, wo wir oftmals noch Möglichkeiten haben auszuweichen. Hier, mitten in der Stadt, keine Chance.

Ich kann die Busfahrer ja verstehen. Die sind wahrscheinlich genauso genervt, wie wir auch. Die müssen ihren Fahrplan einhalten, müssen sich noch mit nörgelnden Fahrgästen und aggressiven Autofahren rumärgern. Das ist alles kein Zuckerschlecken. Aber was können wir dafür?

Wir, die freundlichen und vorausschauenden Autofahrer?

Ein Beispiel: Ein Bus steht an seiner Haltestelle. Wir sind fast auf gleicher Höhe, da setzt der Bus seinen Blinker und fährt zeitgleich einfach los. Da werden keine Gefangenen gemacht. Wie gesagt, der Fahrplan.

Dass er uns fast über den Haufen fährt oder in den Gegenverkehr abdrängt, interessiert den einen oder anderen Busfahrer reichlich wenig.

Es sind nicht alle gleich. Liebe Bus- und Bahnfahrer, wir wollen Sie nicht alle über einen Kamm scheren. Die meisten machen einen prima Job. Hochachtung. Bei manchen von Ihnen entdecken wir allerdings sehr große Parallelen zu unseren Pkw-Freunden.

Sie haben es aber auch nicht leicht.

Wenn man sieht, wie sich die Autofahrer Ihnen gegenüber verhalten, kann man Ihr Handeln manchmal schon gut verstehen.

Auch hier trifft doch wieder zu, dass viele Menschen auch die jeweils andere Seite kennen oder? Also der Bus- oder Bahnfahrer fährt doch auch sicherlich Auto? Oder mal mit dem Fahrrad? Oder ist auch mal der Fußgänger.

144

Wenn wir, egal in welcher Situation wir uns befinden, etwas mehr Verständnis für die anderen aufbringen würden, das heißt, sich auch mal in deren Lage versetzen würden, dann wäre ein rücksichtsvolles Miteinander doch wieder möglich.
Dann lassen Sie uns nicht nur drüber reden, lassen Sie uns es auch tun.

Wo wir schon bei schwierigen Jobs sind. Ja ich weiß, Sie haben es alle nicht leicht. Aber Politesse möchte man doch auch nicht sein oder?
Was die sich so alles anhören müssen? Alle Achtung, wie ruhig die meisten dabei bleiben.
Haben Sie auch schon Erfahrungen mit dieser Spezies gemacht? Also nicht das, was Sie jetzt denken. Das sind gerade Ihre Vorstellungen, das meine ich nicht.

Jetzt stellen wir uns mal vor, wir wären in deren Situation und würden von einem Falschparker richtig zur Sau gemacht. Wir würden doch unserem Neandertaler mit Freude freien Lauf lassen und den Kampf mit dem Querulanten aufnehmen.
Na gut, wäre also kein Beruf für uns. Stellen wir uns auf der anderen Seite einmal vor, es gäbe keine Politessen.

Dann wäre das Chaos doch vorprogrammiert. Jeder parkt wie und wo er will. Keiner hält sich an irgendwelche Regeln.
Wobei? Erleben wir das nicht in ähnlicher Form tagtäglich?
Da parkt mal wieder einer in zweiter Reihe. Da hinten parkt einer halb auf der Straße. Er hat aber auch ein breites Auto, da muss man so parken. Der nächste steht entgegen der Fahrtrichtung.
Mal ganz zu schweigen von den Menschen, die im absoluten Halteverbot parken oder sich ganz dreist einfach mal auf einen Behindertenparkplatz stellen.
Gut, dass es Politessen gibt.
Wenn man sich das alles einmal bewusst macht, müsste es eigentlich viele mehr dieser Ordnungskräfte geben.

Okay, fast jeder von uns hat sich schon mal über ein Ticket aufgeregt. Mal eben was in der Apotheke abholen, kurz beim Bäcker oder bei der Reinigung rein springen. Da kann man doch mal kurz in zweiter Reihe halten. Es ist ja schließlich kein Parken. Meistens kommt genau in dem Moment aber diese besagte Politesse. Manchmal haben wir Glück, dass wir entweder gerade wegfahren wollen oder wir haben eine nette Politesse, die uns freundlich, aber bestimmt darauf hinweist, schnellstens unser Auto weg zu fahren. Aber unterm Strich sind wir doch selbst Schuld, wenn wir ein Ticket bekommen. Es zwingt uns ja keiner dazu, dort zu halten.

Die Leute, die aber ganz bewusst vor Einfahrten, auf Feuerwehrzufahrten und auf Fahrradwegen parken, sollten jedoch alle rigoros abgeschleppt werden. Kein Pardon mit denen. Das sehen Sie doch hoffentlich genauso?
Die blockieren schließlich teilweise lebensnotwendige Zufahrten.

In unserer Nachbarschaft parkte regelmäßig ein Auto vor einer Feuerwehrzufahrt. Wenn in den hinteren Häusern ein Notfall herrschen würde, könnte kein Krankenwagen zu diesem Notfall vordringen, weil dieser dreiste Mensch zu faul ist, sich ein paar Meter weiter einen Parkplatz zusuchen. Nein, das würde ja Zeit kosten und mehr laufen müsste man dann ja auch noch. Das geht aber auch wirklich nicht. Lieber kurz vor die rotweißen Pfeiler stellen. Wird schon nichts passieren.
Von wegen kurz. Meisten stand der da zwischen einer halben Stunde und einer Stunde. Ist das kurz? Mal ganz abgesehen davon, dass sein Fahrzeug den Weg auch für Fußgänger, Radfahrer oder Menschen mit Kinderwagen versperrt hat.

Das interessiert ihn aber nicht. Oder er ist einfach nicht so schlau, darüber nachzudenken.
Entscheiden Sie, unter welche Kategorie er fällt.
Was der da die ganze Zeit macht? Er brachte oder holte seine Kinder ab. Sehr vorbildlich. Prima, da lernen die Kinder direkt aus erster Hand, wie man es nicht machen sollte.
Auf der anderen Seite, wenn man an dessen Auto vorbeigeht und mal einen Blick hinein wirft, wird einem schnell klar, was das für ein Typ Mensch sein muss. Da liegen überall Klamotten rum. Getränke und Essenverpackungen auf den Sitzen oder im Fußraum. Das sagt doch schon alles.

Das ist übrigens auch so ein Thema. Autos und deren Nutzung. Bei manchen Fahrzeugen denkt man sich, da wohnt doch einer drin. Was da alles rum liegt? Eine wahre Schatzgrube für jeden Psychologen. Der könnte wahrscheinlich an Hand der Inhalte eines Fahrzeuges wunderbar analysieren, was das für eine Person ist, die dieses Auto fährt.

Die können ja mit allem möglichen in unser Innerstes hineingucken und uns analysieren. Denen reicht ja oft schon die Handschrift, um zu sagen, der ist so oder so. Hoffentlich liest jetzt nicht gerade irgendein Psychologe dieses Buch.

Was der alles über mich raus finden würde. Will ich aber gar nicht wissen. Ich bin lieber mein eigener Psychologe. Sie doch auch oder?
Nicht dass Sie, liebe Psychologen mich falsch verstehen. Sie machen sicher einen prima Job. Wenn ich jedoch manchmal etwas lese oder höre, was Psychologen von sich geben, denke ich mir, die brauchen selber einen Psychodoc.

Ich werde oftmals gefragt, welchen psychologischen Hintergrund ich habe? Was ich studiert habe? Meine Antwort: „Die Praxis. Die beste Schule des Lebens."

Zurück zu den Dingen, die man so in einem Auto entdeckt, wenn man mal an geparkten Fahrzeugen vorbei geht. Machen Sie sich doch bitte den Spaß und schauen Sie bei einem Sparziergang mal bewusst in diese Fahrzeuge, die da am Straßenrand stehen. Sie werden überrascht sein, was Sie da so alles entdecken.
Bleiben Sie nur bitte nicht zu lange vor einem Auto stehen, sonst denkt wieder so ein selbst ernannter Dorfsheriff, Sie wollen das Auto knacken.
Da haben wir doch schon genau das passende Thema. Aufgebrochene Autos. Nicht, um sie zu klauen, sondern um etwas aus ihnen zu entwenden.

Wie oft hört man, dass wieder mehrere Autos aufgebrochen wurden. Wenn man dann weiter nachforscht, erfährt man, was so alles geklaut wurde. Handtaschen, Portemonnaies, Handys, Computer, Kleidung, tragbare Navis, usw.
Ich habe da mal eine kurze Frage:
Haben diese Leute einfach zu viel Geld? Oder wollen die den Autoknackern helfen, sich über Wasser zu halten?
Geben Sie mir Recht, dass diese Leute selbst Schuld sind, dass ihr Auto aufgebrochen wurde?
Das ist doch nicht normal, was die da alles offen liegen lassen. Was haben Sie eigentlich so für Sachen in Ihrem Auto offen sichtbar liegen?
Müssen diese Sachen da sein? Oder sind Sie nur zu faul, Sie mitzunehmen. Ist doch einfach und bequem. Ab ins Auto, da stören sie keinen. Wird schon nichts passieren.

Ich bin mal bei einem Kunden von mir zu einem Termin gewesen. Dieser Kunde beschäftigt eine Vielzahl von Außendienstmitarbeitern. Nach dem Termin, bin ich über den Firmenparkplatz gegangen und habe in deren Fahrzeuge hineingeschaut. Erschreckend, was da alles zum Vorschein kam. Verpackungen von altem Essen. Brötchentüten, und leere Getränkeflaschen.

150

Überquellende Aschenbecher und verschiedenste Kleidungsstücke. Und mittendrin Kundenakten oder irgendwelche Unterlagen, die beruflichen Hintergrundes waren. Einfach nur erschreckend.

Jetzt sagen Sie, ja aber das sind doch auch Außendienstler, das ist doch normal. Nein, normal ist das nicht. Es gibt nämlich auch hier ganz andere Fälle. Sehr vorbildliche Fälle. Autos, die einen Kunden nicht daran zweifeln lassen, ob das der richtige Geschäftspartner ist.

Stellen Sie sich doch bitte mal folgende Situation vor:
Sie sind ein Einkäufer eines Unternehmens und haben einen Termin mit einem solchen Außendienstmitarbeiter. Nach dem Termin verlassen Sie gemeinsam Ihre Firma, weil Sie noch einen auswärtigen Termin haben. Sie begleiten Ihren Gesprächspartner auf den Parkplatz und sehen sein Auto. Oder sollte ich besser sagen, seine Müllhalde.
Was sagt Ihnen Ihr Unterbewusstsein jetzt? Wollen Sie mit diesem Mann wichtige Geschäfte machen? Wollen Sie Ihren guten Ruf aufs Spiel setzen, wenn die Zusammenarbeit nachher so chaotisch verläuft, wie das Innere seines Wagens aussieht? Beantworten Sie es jeder für sich selbst.

Klar mag der Mensch ein netter und kompetenter Gesprächspartner gewesen sein, aber wer trifft die letzte Entscheidung?
Ihr Bewusstsein oder Ihr Unterbewusstsein?
Ihr fester Wille oder Ihre Fantasie?

Liebe Außendienstler. Ich mag Sie. Ich war selber mal einer von Ihnen. Ich habe heute geschäftlich sehr viel mit Ihnen zu tun. Deshalb denken Sie doch bitte an eines.

Wir wirken immer.
Wir wirken nicht nur mit unserem Aussehen, unserem Verhalten, unseren Taten und unseren Worten, sondern wir wirken auch mit vermeintlich weniger wichtigen Dingen, wie z.B.
unserem Dienstfahrzeug.

Zurück zu uns allen. Wer sind die Personen, die alles Mögliche in Ihren Autos liegen lassen?
Ja klar, die Männer sagen direkt, Frauen. Das mag sein. Aber auch hier trifft es wieder alle und jeden. Wobei, mich nicht. Bei mir im Auto finden Sie nichts. Also, nichts offen rum liegen. Bei mir darf auch nicht im Fahrzeug gegessen werden. Ich war doch gerade Auto waschen. Das wäre ja noch schöner, wenn das ganze Putzen umsonst gewesen wäre.

Was für ein Spießer? Von mir aus. Bin ich eben ein Spießer. Dazu stehe ich. Ich bin eben ein sehr konsequenter Mensch. Ich kenne viele Leute, die genauso denken und auch handeln. Bei denen wurde komischerweise auch noch nie ins Auto eingebrochen.

Jetzt höre ich schon wieder die Eltern, die sagen: „Na klar, ohne Kinder geht das prima. Haben Sie mal zwei Kinder, da sieht Ihr Auto innerhalb kürzester Zeit aus, wie ein Schlachtfeld."

Das mag sein, dass das eine andere Voraussetzung ist. Es stellt sich dann aber die Frage:
Wollen Sie leiden oder daraus lernen? Wollen Sie jedes Mal, wenn Sie in Ihr Auto steigen, einen Anfall kriegen oder wollen Sie konsequent Regeln festlegen, die von allen Beteiligten eingehalten werden müssen? Ist Ihre Entscheidung. Sie haben die Wahl. Vielleicht stört es Sie ja auch nicht, wenn in Ihrem Auto überall irgendein Zeug herum liegt. Vielleicht sieht es bei Ihnen zu Hause genauso aus und Sie brauchen das, um sich wohlzufühlen.
Mein bester Freund freut sich immer unheimlich, wenn er den Wagen seiner Frau waschen darf, um dann die Reste der Leberwurstbrote von den Sitzen und vom Boden zu entfernen.

Die Lieblingsmahlzeit der zwei Kinder. Aber was tut man nicht alles, um zufriedene und einigermaßen ruhige Kinder zu bekommen? Gerade im Auto. Da dürfen auch schon mal die Leberwurstbrote verputzt werden.

Kinder und Autofahren ist sowieso so eine Sache für sich. Haben Sie Kinder?
Sind Sie schon mal mit ihnen im Auto in den Urlaub gefahren? Das macht Spaß oder?
Mami, ich habe Durst. Mami, ich habe Hunger.
Papa, wann sind wir endlich da? Mami, ich muss mal auf die Toilette.
Und das alles nach den ersten 30 Kilometern. Und Sie haben noch 300 vor sich. Da überlegt man sich schnell, ob man nicht das nächste Mal doch mit der Bahn in den Urlaub fahren sollte. Aber andererseits, denken Sie an meine Erfahrungen von vorhin. Ich weiß nicht, was das größere Übel ist? Mit dem Auto ist man ja schon flexibler.

Es gibt ja die verschiedensten Beschäftigungstherapien, die man mit Kindern während der Fahrt machen kann. Angefangen beim Klassiker des Nummernschild Ratens. Setzt aber voraus, dass die Kinder ein gewisses Alter haben.

Gern genommen werden natürlich heutzutage irgendwelche Computerspiele mit ihren tragbaren Konsolen. Die ganz modernen Familienkutschen haben auf der Rückseite der Kopfstützen kleine Monitore, da laufen dann die neuesten Zeichentrickfilme. Schon sind die Kinder beschäftigt.

Was haben wir eigentlich, als wir Kinder waren, während der Reise im Auto gemacht?

Ich habe, glaube ich, meine Eltern ziemlich genervt. Da kam auch schon mal der ein oder andere Neandertaler zum Vorschein. Also bei mir und bei meinen Eltern.
Ich weiß gar nicht mehr so genau, wie mich meine Eltern damals beruhigt haben. Wahrscheinlich auch mit irgendwelchen Spielen, wie z.B. ich sehe was, was du nicht siehst. Oder einfach nur mit strengen Worten und Blicken.

Jetzt wollen Sie bestimmt einen schlauen Rat von mir, wie man mit solchen Situationen besser umgehen kann.
Wie für alles Andere im Leben, gibt es auch hier keine Rezepte, wo man sagt, mach' das so oder so und du wirst Erfolg haben.

Mal funktioniert das Eine, mal das Andere. Und an anderen Tagen funktioniert gar nichts. So ist das eben im Leben.

Hilft Ihnen jetzt auch nicht weiter?
Doch ich glaube schon. Wenn wir uns dessen bewusst werden, dass es verschiedene Möglichkeiten gibt, Dinge im Leben zu bewältigen, wir uns aber im klaren sind, dass meistens alles ganz anders kommt, als wir denken, dann ist der erste Schritt schon mal getan.

Okay, einen Tipp gibt es noch. Aber der wiederholt sich. Stellen Sie sich in schwierigen Momenten sofort die Frage: **Warum freue ich mich trotzdem?**

Es gibt mit Sicherheit immer Gründe, die Sie finden werden. Und wenn es nur ganz triviale Gründe sind, wie z.B. das Wetter, freie Fahrt oder die Gesundheit von sich und der Familie.
Wobei gerade der letzte Punkt, die Gesundheit, einer ist, den wir niemals als alltäglich oder normal abtun sollten.
Haben Sie sich schon mal bewusst gesagt:
Ich freue mich, weil es mir gut geht? Ich freue mich, weil ich keine Krankheiten habe? Ich freue mich einfach, weil mir nichts weh tut?

Wer macht das schon? Es gibt doch so viele andere, wichtigere Dinge, mit denen wir uns beschäftigen müssen. Da kann man doch nicht auch noch hingehen und sich freuen, dass es einem gut geht. Das wäre aber jetzt wirklich zu viel verlangt.

Wenn man auf der anderen Seite allerdings sieht, was wir Menschen so alles für Krankheiten haben können, dann sollte man sich wirklich jeden Tag ganz bewusst drüber freuen, wenn es einem selbst und der Familie oder den Freunden gut geht. Meistens merkt man erst, wenn man krank ist, wie gut es einem vorher ging. Dann fallen auch so unwichtige Dinge, wie Autofahren und Straßenverkehr überhaupt nicht mehr ins Gewicht.

Und so geht es uns Menschen mit vielen anderen Dingen des Lebens auch. Wir nehmen sie als normal hin, weil sie nun mal so sind. Wenn man aber mal die Augen ein bisschen öffnet und aus seiner Scheuklappensichtweise herauskommt, dann fällt einem ganz schnell auf, wie gut es uns eigentlich geht.

Wir haben ein Dach über dem Kopf, haben den Kühlschrank voller Nahrungsmittel, haben einen Job, eine Familie, usw. Wie viele Menschen gibt es, die das alles leider nicht haben?

Und worüber regen wir uns auf?
Über Staus, langsame Autos, Falschparker und Nichtblinker. Eigentlich ganz schön bescheuert. Aber über irgendetwas müssen wir uns doch aufregen, sonst sind wir doch auch nicht zufrieden oder?
Was für ein Widerspruch an sich. Aber so sind die meisten Menschen eben. Nie zufrieden mit dem was sie haben.

Auf der anderen Seite ist es aber vielleicht genau das, was uns Menschen auch weiterbringt. Würden wir uns immer mit dem zufrieden geben, was wir gerade haben oder wie es ist, würden sich Dinge auch nicht verändern und wir uns nicht weiter entwickeln.
Das funktioniert aber auch nur dann, wenn wir nicht nur darüber meckern oder uns aufregen, sondern wenn wir überlegen, wie wir bestimmte Situationen besser meistern können oder wie wir eine andere Sichtweise darauf erhalten?

Eine andere Sichtweise ist ein schönes Stichwort für unser nächstes Thema. Ich hatte das vorhin schon mal erwähnt. Ein Thema, das man nicht mal eben so abhandeln kann. Ein Thema, das oftmals viel mehr Stress und Verzweifelung auslöst, als alles das, was wir bis hierhin schon besprochen haben.

Der Beifahrer!
Auch das ist ein Thema, mit dem sich viele Verhaltenspsychologen schon intensiv auseinandergesetzt haben. Und auch da wird jeder von uns schon seine eigenen Erfahrungen gemacht haben.

Fahren Sie eigentlich lieber allein mit Ihrem Fahrzeug?
Oder macht es Ihnen nichts aus, wenn Ihre Frau oder Ihr Mann neben Ihnen im Auto sitzt?
Sind Sie denn ein guter Beifahrer?

Ich war immer der Meinung ein guter Beifahrer zu sein. Denken wir das nicht alle von uns?
Wie sehen das denn die Menschen, die uns als Beifahrer haben?
Ich kann Ihnen sagen, wie meine Frau das sieht.
Ganz anders als ich. Welch eine Überraschung. Sie hasst es, wenn ich neben Ihr auf dem Beifahrersitz sitze.
Wobei, wenn ich ganz genau bin, hasst sie es auch wenn ich auf dem Fahrersitz sitze. Wie eben erwähnt, ein Schreien in der Autobahnbaustelle ist etwas ganz normales. Mitbremsen und festhalten während der Fahrt in der Stadt auch. Da kommen dann auch gern so Aussagen wie:

„Pass auf, der bremst. Da vorn wird es rot. Da parkt einer."
Als wenn ich das nicht sehen würde. Natürlich ist man als Beifahrer dem Fahrer völlig ausgeliefert. Man kann ja nichts machen. Aber ein bisschen Vertrauen bitte. Schließlich fahre ich seit über 24 Jahren unfallfrei.

Wie viele Punkte ich in Flensburg habe?
Jetzt wird es aber sehr persönlich. Na gut, wir kennen uns jetzt ja schon eine Weile.
Bis vor kurzem keinen einzigen. Jetzt, nach dem neuen Bußgeldkatalog, leider einen. So ein freundlicher roter Blitz auf der Autobahn blieb auch mir nicht erspart.

Zurück zu mir als Beifahrer. Wie gesagt, ich dachte immer, ein guter Copilot zu sein. Man kann das immer so oder so sehen. **Alles hat zwei Seiten!**

Ganz objektiv betrachtet, bin ich ein guter Beifahrer. Warum? Weil die Dinge, die ich während der Fahrt anspreche, keine Kritik, sondern ein nützlicher und wichtiger Hinweis sind. Subjektiv, d.h. aus der Sicht meiner Frau betrachtet, wirkt es vielleicht eher als meckern oder nörgeln.
Sie wollen ein paar Beispiele?

Können Sie haben. Man muss nur vorher dazu sagen, dass meine Frau vielleicht max. 2.000 Kilometer im Jahr fährt und ich ca. 15.000 bis 20.000 Kilometer pro Jahr fahre.
Was schon ein gewaltiger Unterschied ist, in Bezug auf Erfahrungen, selbst erlebte Situationen und eigene Sicherheit im Umgang mit dem Auto und dem Verkehr.

Das fängt schon damit an, dass sie sich erst anschnallt, wenn sie rückwärts aus der Parklücke raus gefahren ist, dann in den ersten Gang schaltet und los fährt. Während dieses Losfahrens wird der Gurt angelegt.
Super Sache, so während der Fahrt. Kann man nicht vorher machen. Nein. Da kann sie sich angeblich nicht richtig bewegen, beim Ausparken. Sich nicht richtig umdrehen. Ach so.
Der nächste Punkt ist das Einstellen der Spiegel.
Es kommt durchaus öfter mal vor, dass ich ihren Wagen fahre. Da ich wesentlich größer, als meine Frau bin, muss ich natürlich den Sitz und die Spiegel für mich anders einstellen. Nachdem ich den Wagen dann wieder abgestellt habe, stelle ich ihr extra den Sitz wieder in etwa so ein, wie sie in benötigt. Ist doch nett von mir oder?

Wenn ich das mal nicht mache, gibt es auch direkt einen Kommentar. Was ich allerdings nicht wieder einstelle, sind die Spiegel. Das muss sie schon allein machen, denn sie muss ja alles überblicken können.

Was passiert, wenn sie ins Auto einsteigt? Der Sitz wird noch nachjustiert, die Spiegel bleiben so wie sie sind.
Erster Hinweis meinerseits. „Willst Du Dir nicht die Spiegel einstellen?"
„Nein, passt schon." „Wie bitte? Du kannst doch gar nichts sehen, so wie die eingestellt sind." „Doch, ist alles okay." „Das kann doch gar nicht sein."

So fängt schon die erste Phase des gemeinsamen Autofahrens prima an. Was glauben Sie? Hat sie die Spiegel noch verstellt? Nein, natürlich nicht. Ich muss allerdings dazu sagen, meine Frau ist keine, die sich im Auto schminkt oder sonst wie stylt. Sie konzentriert sich schon sehr auf das Fahren.
Umso schwieriger nachzuvollziehen, dass sie die Spiegel nicht richtig einstellt. Die sind ja schließlich ein wichtiger Bestandteil des Autos und nicht nur zu Dekorationszwecken angebracht.

Können Sie sich noch an ihr erstes Auto erinnern?

162

Vor vielen Jahren war der rechte Außenspiegel noch eine Sonderausstattung. Da gab es die Fahrzeuge oftmals nur mit einem Spiegel an der Fahrerseite. Ja, ich weiß, es ist lange her.

Zurück zur Fahrt meiner Frau.
Sie muss es ja wissen, also halte ich lieber meinen Mund. Die Stimmung ist sowieso schon im Keller. Wie konnte ich nur wieder was sagen?
Wobei die nächste Situation nicht lange auf sich warten lässt, zu der ich gern etwas sagen möchte. Ich weiß, ich sollte es nicht tun, aber ich kann nicht anders. Mein Blick in den rechten Außenspiegel, ja genau, mein Blick in den Spiegel – denn er ist so eingestellt, dass ich wunderbar sehen kann, was hinter uns so passiert – zeigt mir, das wir irgendwie den Verkehr aufhalten. Der nächste Blick auf den Tacho bestätigt dies. Knappe 45 Km/h zeigt dieser Tacho an.

Da haben wir es doch. Meine Frau gehört auch zu diesen Langsamfahrern. Also ein paar nette, aufmunternde Worte von mir: „Schatz, hier ist 50. Du kannst ruhig ein bisschen schneller fahren. Hinter uns staut sich schon alles."
Oh großer Fehler. Sehr großer Fehler.

„Ich fahre doch 50, lass mich einfach fahren."
Kommt postwendend zurückgeraunzt.

Das schlimme ist, ich könnte ja jetzt meine Klappe halten und nichts dazu sagen. Mache ich aber nicht. Ich muss wohl doch noch einiges lernen.

„Du fährst gerade mal 45. Also gib mal bitte ein bisschen Gas. Es ist noch keiner geblitzt worden, weil er 51 Km/h gefahren ist. Dich halten Sie höchstens an, weil du zu langsam fährst."

„Du kannst ja das nächste Mal selber fahren, wenn du es besser kannst. Ich fahre so, wie ich will."

Kommt Ihnen diese Unterhaltung bekannt vor? Dann bin ich nicht allein mit diesen Erlebnissen? Da bin ich beruhigt auf der einen Seite, aber auch erschrocken auf der anderen Seite. Denn je mehr solcher Fälle es gibt, desto klarer wird mir, warum bestimmte Situationen immer wieder im Straßenverkehr auftauchen.

„Okay, ich bin jetzt ruhig. Konzentriere Du Dich auf den Verkehr." Was glauben Sie, wie lange das anhält? Wie lange ich ruhig im Auto sitze, ohne etwas zu sagen?

Nicht sehr lange. Ja leider. Ich bin es aber auch selber schuld. Ich weiß ja mal wieder alles besser. Ich fahre schließlich zehnmal soviel. Ich bin aber auch ein toller Kerl.

Nächste Hinweise von mir:
„Du musst nicht so viel Platz lassen, wir haben doch keinen Lkw. Schön im dritten Gang um die Kurve, da freut sich das Getriebe. Du musst an einer roten Ampel nicht die ganze Zeit die Kupplung treten. Nimm' ruhig den fünften Gang, der freut sich auch, wenn er mal benutzt wird."

Um nur mal ein paar Auszüge zu nennen, was ich so alles an Hinweisen geben kann.
Wenn ich das gerade selber lese, kann ich sehr gut verstehen, dass meine Frau keine Lust hat, mit mir als Beifahrer, irgendwo hin zu fahren. Ist ja grausam.

Liebe Frauen, es tut mir leid, dass ich so ein „Meckerpott" bin. Bei Ihnen brauche ich mich nicht zu entschuldigen? Bei meiner Frau wäre das angebracht?
Da haben Sie Recht. Das habe ich auch schon getan. Und ich darf Ihnen sagen, ich habe mich auch schon etwas gebessert.

Manchmal gehen die Pferde noch mit mir durch, aber meistens bin ich ruhig und genieße es, gefahren zu werden.
Wäre doch viel schlimmer, wenn ich selbst fahren müsste. All diese anderen Verkehrschaoten. Gut das ich nur Beifahrer bin.

Zurückzukommen auf die Aussage von vorhin:
Alles hat zwei Seiten.

Ich meine das ja nicht böse, ich möchte doch nur helfen. Meine Frau sieht das aus ihrer Sicht aber ganz anders. Sie macht aus Ihrer Sicht alles richtig und fühlt sich von mir provoziert.
Was lernen wir daraus?

Jeder Mensch hat aus seiner Sicht gesehen Recht, denn er sieht es so!

Denn die daraus resultierende Frage ist die:
Bringt es uns denn weiter, wenn wir mit unserem Partner anfangen zu diskutieren? Nein. Was wollen beide nämlich haben? Recht. Geht das denn? Nein. Also wird es so schnell keine Einigung geben. Im Gegenteil. Es gibt eher noch Streit und Krach. Und den kann ja keiner von uns gebrauchen.

Darum lassen wir unseren Frauen ihre Macken,
in der Hoffnung, dass sie uns dann auch unsere
Macken lassen. Einverstanden?
Also ab sofort weniger meckern, nörgeln oder hin-
weisen, denn wir wissen:
<u>Alles hat zwei Seiten, jeder Mensch hat aus seiner
Sicht gesehen Recht, denn er sieht es so.</u>

Aber eins muss ich schnell noch loswerden. Wir
kamen dann irgendwann an unserem Ziel an. Eine
freie Parklücke war auch vorhanden. Also, Einparken
war angesagt.
Das Ganze natürlich ohne Inanspruchnahme der
Außenspiegel, war ja logisch. Geht ja auch ohne.
Denkste.
„Und, stehe ich so gut? Stehe ich am Bürgersteig?"

Können Sie sich noch erinnern, als Sie in der Fahr-
schule waren? Da hat der Fahrlehrer seine Tür auf-
gemacht und zum Bürgersteig geguckt. Dann den
Fahrschüler angeschaut und gesagt:
„So, das Ganze dann noch mal."
Das habe ich natürlich nicht gemacht. Das würde ich
nie tun. „Du stehst prima. Alles okay."
Gedacht habe ich nur: Hättest du die Spiegel richtig
eingestellt, würdest du sehen, dass du einen halben
Meter vom Bordstein weg stehst.

Aber hey. Alles hat zwei Seiten. So kann ich wenigstens ganz bequem aussteigen.

Übrigens Ein- und Aussteigen ist manchmal gar nicht so einfach. Woran denke ich gerade?

Wir haben ja schon über das Parken gesprochen. Auch über Parkhäuser und die verschiedensten Arten von Parkmöglichkeiten.
Ist es Ihnen auch schon passiert, dass Sie Ihr Fahrzeug irgendwo ordnungsgemäß abgestellt haben, kamen zurück zu Ihrem Wagen und trauten Ihren Augen kaum?
Nein, er wurde nicht geklaut oder wurde abgeschleppt. Sie wurden einfach nur zugeparkt. Und ich meine jetzt nicht vorn und hinten, sondern links und rechts.

Wie sollen wir jetzt in unser Auto einsteigen? Durch den Kofferraum?
Die viel wichtigere Frage:
Wie ist der andere aus seinem Auto herausgekommen? Vor allen Dingen, ohne unser Auto zu beschädigen?

Das darf doch wohl alles nicht wahr sein.

Ich weiß nicht, wie es Ihnen in solchen Situationen geht, aber ich kann meinen <u>Neandertaler</u> dann nicht mehr ruhig auf meiner Schulter sitzen lassen. Der muss raus, der muss jetzt zeigen, was er kann.

Gut, es ist keiner der anderen Beteiligten anwesend, aber die Autos sind ja da. Dann beschimpfen wir eben die und den imaginären Fahrer.

Aber jetzt mal ganz unter uns. Was soll das?
Wer stellt sich denn so neben ein anderes Fahrzeug, dass er selber kaum rauskommt und der Nachbar keine Chance hat, einzusteigen? Wer macht so etwas?
Man zweifelt doch am Verstand des anderen, ohne ihn zu kennen oder?
Gut, das haben wir heute ja schon öfter gemacht, am Verstand der anderen Verkehrsteilnehmer zu zweifeln. Aber das schlägt doch dem Fass den Boden aus.

Was sollen wir jetzt tun? So lange warten, bis der Vollidiot wiederkommt?
Das kann vielleicht ewig dauern. Und wenn der dann kommt, könnte das sehr unschön werden.
Also, irgendwie versuchen, sich in das Auto zu quetschen.

Über die Fahrerseite oder wenn das nicht geht, über die Beifahrerseite. Sie wissen ja, ich bin 1,97 Meter groß. Das wird jetzt gar nicht so einfach.
Irgendwie habe ich es geschafft. Ich sitze. Fahre raus, halte an und steige aus.

Warum? Ich muss doch jetzt erst mal kontrollieren, ob an der Seite keine Kratzer sind. Das wäre ja der Höhepunkt. Gott sein Dank ist nichts zu sehen. Ich habe ja ein sauberes Auto, da sieht man sofort, ob da was dran ist oder nicht.

Gucken Sie in solchen Fällen nicht auch als erstes nach, ob Kratzer oder Beulen an Ihrem Auto sind? Zumindest, wenn sich das bei dem Auto noch lohnt? Wäre etwas kaputt oder zerkratzt gewesen, dann hätte ich die Polizei gerufen. Sie doch auch oder?

Kommen Sie, das ist Sachbeschädigung. Genau genommen sogar Fahrerflucht. Das muss man melden. Wenn Sie es nicht tun, ärgern Sie sich jedes Mal, wenn Sie den Kratzer sehen. Und Sie fragen sich: Warum habe ich da eigentlich nichts unternommen?
Außerdem muss der Depp ja dringend mal einen Denkzettel bekommen Wenn keiner etwas unternimmt, macht der das immer wieder.

Bei seiner Schrottkarre auch egal. Aber nicht bei unserem Auto.
Sie merken es schon. Mein Neandertaler ist sogar jetzt noch ganz schön unter Strom, während ich das schreibe. Ich merke es auch gerade. Ich haue mit etwas mehr Schwung auf die Tastatur meines Laptops. Ja ja, der Stachel sitzt tief bei solchen Dingen.

Wenn der so Auto fährt, wie er parkt, na dann gute Nacht. Glauben Sie eigentlich, dass man an dem Parkverhalten eines Einzelnen erkennen kann, was er oder sie für ein Autofahrer ist?

Wenn man sich dann zusätzlich das Auto noch etwas genauer anguckt, also z.B. den Innenraum oder ob irgendwelche Aufkleber am Auto sind, dann machen wir uns doch schon ein Bild von der Person. Entweder kommen wir zu der Entscheidung, dass derjenige ein völliger Chaot ist und wahrscheinlich genauso auch fährt.
Oder wir sagen uns, das ist aber seltsam, passt gar nicht zu dem Auto, so wie der parkt.

Aber kann man das wirklich? Vom Auto und dessen Besonderheiten auf den Fahrer schließen?
Haben Sie Aufkleber an Ihrem Fahrzeug? Baumelt bei Ihnen irgendetwas an dem Rückspiegel?

Wie sieht Ihr Auto von innen aus? Fotos Ihrer Familie hinter der Sonnenblende?
Apropos Aufkleber und solche Sachen. Gehören Sie auch zu denen, die während der Fußball WM oder EM ihr Auto beflaggen?

Ist das nicht auch so ein interessantes Phänomen? Die ganze Zeit ohne WM oder EM sieht man nichts dergleichen an unseren Autos. Sobald aber die WM oder die EM vor der Tür steht, entdeckt man immer mehr Fahnen an den Fahrzeugen. Je später die WM, desto mehr Fahnen und auch Deutschlandaufkleber sieht man an und auf den Autos.
Teilweise werden ganze Motorhauben in die deutschen Farben gehüllt und riesige Aufkleber an den Seiten des Fahrzeugs angebracht. Man identifiziert sich mit dem Land.

Übrigens ja nicht nur an Autos ist das alles sichtbar, sondern ganze Häuser oder sogar Straßen werden in Schwarzrotgold präsentiert.
Was passiert, wenn die WM vorbei ist?
Alles wird wieder entfernt. Vereinzelt hat der eine oder andere seine Flagge noch etwas länger am Auto. Aber nach und nach verschwinden alle Deutschlandsymbole. Diese ca. vier Wochen dürfen wir alle Patrioten sein.

Danach, wenn sich alles wieder beruhigt hat, wenn da einer mit Fahne am Auto unterwegs ist, dann wird der direkt schief angeguckt.

Ist das nicht verrückt? Das Ganze passt sehr gut zu unserem Thema <u>Vorstellungen bestimmen unser Verhalten</u>.
Wir sehen ein Symbol und denken uns unseren Teil. Das so genannte Vorurteil steht fest. Und das kann oftmals schnell nach hinten losgehen.
Denn obwohl wir den Menschen gar nicht kennen, urteilen wir über ihn. Wir stecken Menschen schnell in irgendwelche Schubladen.

Ach das ist doch typisch Rentner. Immer diese Sonntagsfahrer. Frauen hinterm Steuer. Usw. usw.
Vielleicht sollten wir genau das nicht mehr so voreilig machen. Vielleicht sollten wir einfach mal unvoreingenommener auf andere Menschen reagieren.

Kennen Sie diese Kennzeichenspiele?
Nicht die von der Autobahn, sondern mit den Buchstaben der Stadt etwas Bestimmtes zu verbinden? Zum Beispiel aus der Region NRW gibt es zwei Äußerungen, die man immer wieder hört. Bei dem Kennzeichen „SU" kommt die Aussage:

Das ist klar, dass der so fährt, der hat ja auch „SU" als Kennzeichen. „Suche Unfall".
Oder bei dem Kennzeichen „BM" wird folgendes erwähnt. Natürlich, wieder so ein „bereifter Mörder".

Allein durch die Tatsache, solche Assoziationen im Kopf zu haben, haben wir schon eine negative Sichtweise auf diese Verkehrsteilnehmer.
Und das geht uns mit anderen Dingen, die wir beobachten genauso. Irgendein Aufkleber am Heck, den wir blöd finden. Irgendetwas, das sich auf der Hutablage befindet oder auch Automarken generell verleiten uns, negative Gedanken im Kopf zu haben. Und schon folgen uns auch negative Handlungen nach.

Zudem werden andere Autofahrer meistens als Konkurrenten angesehen, anstatt sie als Verbündete oder Gleichgesinnte anzusehen. Es ist immer wieder ein neuer Konkurrenzkampf. Der Kampf um den besten Platz auf der Straße oder den freien Parkplatz.
Zusätzlich neiden wir jedem alles. Die angesprochene Position oder das vermeintlich schönere oder teurere Fahrzeug. Wir Deutschen sind ein Land der Neider.

174

Warum machen wir uns das Leben selber so schwer?

Wenn wir also, wie schon einige Male erwähnt, es schaffen, diesen ganzen Müll, diesen Unrat aus unseren Köpfen zu verdammen, fällt es uns viel leichter positive Gedanken zu haben und diese zu verstärken. Das heißt im Klartext. Wir regen uns weniger auf, sind entspannter und haben wieder mehr Freude am Autofahren.

Denn in der Zukunft wird folgendes passieren. Wir werden immer mehr zu einem gläserneren Autofahrer. Worauf will ich hinaus?
Es gibt aktuell schon die so genannten „vernetzten Autos". Die Versicherer bieten Autofahren an, über ein bestimmtes Blackbox System, die Fahreigenschaften und Verhaltensweisen des Fahrers auszulesen und auszuwerten. Das heißt also was ganz konkret?
Jeder Ihrer Schritte wird beobachtet. Big Brother is watching you! Es wird registriert, wann Sie wo und wie schnell gefahren sind. Wie dicht Sie aufgefahren sind? Wann Sie gebremst haben? Usw., usw. Wollen wir das? Wollen wir zum gläsernen Autofahrer werden? Werden wir im Alltag nicht schon genug durchleuchtet?

Okay, man will dadurch auch die Möglichkeit bieten, die Prämien für die Kfz-Versicherung zu senken.
Das ist sicherlich für manche Menschen interessant.
Sehr hilfreich ist es wiederum, dass vom Auto ein Notsignal versendet wird, wenn man einen Unfall hatte und sich vielleicht aus eigener Kraft nicht bemerkbar machen kann. So etwas kann ja lebensrettend sein.
Aber die anderen Sachen? Muss das sein?
Ich hoffe, man lässt uns die Wahl, ob wir so etwas im Auto haben möchten oder nicht.

Auch z.B. die neuen Fahrzeuge, die alle mit einer Start-Stopp-Automatik ausgerüstet sind. Finden Sie das gut?
Aus umwelttechnischen Gründen und um den Verbrauch zu reduzieren, mag das vielleicht sinnvoll sein. Aber ich möchte mein Auto hören, wenn ich an der Ampel stehe. Ich will die Vibrationen spüren. Das Feeling haben, wie man so schön auf Neudeutsch sagt. Vielleicht bin ich da ja auch ein bisschen altmodisch.

Es wird ja sowieso alles immer technischer. Die ganzen Autos sind mit so viel technischem Schnickschnack ausgerüstet, von dem man früher nicht zu träumen wagte.

Viele Dinge haben wir schon angesprochen. Rückfahrsensoren und Rückfahrkameras. Scheinwerfer, die sich automatisch einer Kurve anpassen. Mulifunktionslenkräder, Multifunktionssitze, Autos, die alleine einparken. Und vieles mehr.

Gerade hat am Düsseldorfer Flughafen ein neuer Parkroboter seinen Dienst aufgenommen. Dort wird Ihr Auto von einem Roboter vermessen und Millimeter genau in eine Parklücke gestellt. Sie brauchen nicht mehr selbst einzuparken. Einfach nur das Auto abstellen. Wäre auch was für unsere Parkexperten. Wenn Sie Ihren Wagen wieder abholen wollen, bringt es der Roboter zur Ausgabestelle.

Wir sehen, dass der technische Fortschritt keine Grenzen kennt. Irgendwann sitzen wir nur noch als unser eigener Fahrgast im Auto. Geben ein Ziel ein und der Wagen fährt uns dort hin. Wir können uns ganz entspannt anderer Dinge widmen.
Schminken, Essen, Zeitung lesen oder was auch immer Sie dann so im Auto machen wollen.
Aber wollen ist ein gutes Stichwort.
Wollen wir das alles? Wollen wir nicht selbst die Gewalt über unser Fahrzeug haben. Wollen wir nicht spüren, wie es ist, zu bremsen, zu lenken und zu beschleunigen?

Wollen wir uns wirklich alles abnehmen lassen? Aus heutiger Sicht will ich das nicht. Wer kann aber schon sagen, wie es in 20 Jahren aussehen wird? Vielleicht ist dann das Verkehrsaufkommen so groß, dass man glücklich ist über solche modernen Möglichkeiten. Möglicherweise ist es dann auch ganz normal für uns. So wie heute ein Handy etwas ganz alltägliches ist.

Wenn Sie dieses Buch übrigens gerade im Urlaub lesen, z.B. in Spanien, schön im Schatten unter dem Sonnenschirm, am Pool liegend, den blauen Himmel über sich, dann genießen Sie es. Denn so idyllisch wird es so schnell nicht wieder werden.

Wenn Sie vielleicht heute Abend mit dem Mietwagen zu Ihrem Lieblingsrestaurant fahren, überprüfen Sie bitte mal, was anders ist oder was gleich ist, im Vergleich zum deutschen Straßenverkehr. Möglicherweise geht es Ihnen wie mir. Ich fahre lieber in Spanien Auto, als in Deutschland. Die fahren dort zwar etwas verrückter oder nennen wir es chaotischer.
Es fahren aber eben alle so. Nicht nur einer, der alles durcheinander bringt, sondern alle fahren gleich verrückt. Aber da es jeder macht, ist es wiederum völlig normal.

Dort regt sich auch keiner auf, wenn man mal noch schnell abbiegt, rechts überholt oder nicht blinkt.
Wie gesagt, es machen alle immer wieder.

Was bitte nicht heißen soll, dass wir jetzt alle so fahren wie in Spanien oder, dass wenn wir im Urlaub mit dem Auto unterwegs sind, wir so richtig die Sau rauslassen. Machen Sie das bitte nicht.
Wir halten uns an Regeln und Richtlinien und das ist auch gut so. Ich glaube, bei uns würde so etwas auch nie funktionieren. Wie gesagt, hier gönnt keiner keinem etwas. Hier würde das absolute Chaos ausbrechen. Ich würde sogar so weit gehen, zu sagen, es gäbe Mord und Todschlag.

Also kommen wir zu der Erkenntnis, dass es gut so ist wie es ist. Wie sagt man so schön?
Andere Länder andere Sitten.

Übrigens, so lasch wie man jetzt vielleicht denken mag, sind die Richtlinien dort auch nicht. Ganz im Gegenteil. Dort gibt es für eine aus dem Fenster geworfene Zigarette vier Punkte. Wegen der hohen Waldbrandgefahr. Das ist doch mal gerechtfertigt.
Bei uns kann man schon mal darüber streiten, ob der neue Bußgeldkatalog überall die richtigen Strafen enthält.

Apropos Urlaub. Wenn Ihnen dieses Buch, über das Verhalten von uns Menschen im Straßenverkehr, gefallen hat, dann möchte ich gern an dieser Stelle noch eine andere Empfehlung aussprechen.
Es gibt einen weiteren, wertvollen Ratgeber der besonderen Art:

DER URLAUBER!
„Verhaltenstraining am lebenden Objekt!"

Wenn Sie auch zu diesem Thema Einblicke in die Verhaltensweisen von uns Menschen erlangen möchten, dann ist dieses Buch eine ausgezeichnete Wahl.

Zurück zu unserem Thema:
Wenn Sie dieses Buch gerade zu Hause lesen, dann nutzen Sie die angesprochenen Verhaltensweisen so effektiv wie möglich und freuen sich auf Ihren nächsten Urlaub, der vielleicht Autofrei stattfindet.

Im Endeffekt ist es aber gar nicht wichtig, wo Sie das Buch lesen, sondern wichtig für uns ist zurzeit etwas anderes.
Nämlich, dass wir wieder mehr Freude am Autofahren haben.

Also entspannter sind, uns weniger ärgern und auf bestimmte Situationen mit einem Lächeln reagieren.

Deshalb möchte ich gern abschließend noch einmal alle wichtigen Erkenntnisse auflisten, damit Sie den größtmöglichen Nutzen aus diesem Buch ziehen können.
Dazu gehört auch, dass Sie dieses Buch oder die Werkzeuge daraus als persönliches Merksystem nutzen. Wo könnte man dieses Merksystem aufbewahren?
Natürlich im Auto. Wenn man mal wieder in einem größeren Stau steht, kurz einen Blick rein werfen.
Oder im Büro. In der Mittagspause mal kurz nachschlagen, was man alles schon beachtet hat oder was man wieder vergessen hat.
Zu Hause geht natürlich auch. Da gibt es die verschiedensten Orte, an denen man es aufbewahren kann.

Aber seien Sie sich bitte über eines im Klaren:

„Lesen allein ändert nichts – TUN! Also TUN Sie es!"

Ach übrigens. Sie hatten zu Beginn des Buches darüber nachgedacht, wenn dieses Buch Ihnen Freude bereitet und Ihnen sogar nützliche Werkzeuge an die Hand gibt, die Ihnen helfen, wieder mehr Spaß und Freude an der Autofahrt zu haben, dass Sie es auch gern weiterempfehlen würden. An wen hatten Sie spontan gedacht?

WERKZEUGE

Warum freue ich mich? (Wie will ich andere motivieren, wenn ich selbst keinen Grund gefunden habe mich zu freuen?) (Seite 42)

Ich bestimme selbst über wen oder was ich mich ärgere! (Seite 38)

Menschen denken in Einbahnstraßen (Seite 24)

Menschen urteilen gefühlsmäßig (Seite 32)

Positive Gedanken verlängern (Seite 39)

Unrat vorbeiziehen lassen (Seite 39)

Vorstellungen bestimmen unser Verhalten
(Fantasie ist oft viel größer, als unser fester Wille)
(Seite 47)

3 Hindernisse: ICH DU ES
(Wir können nur bei uns beginnen!) (Seite 74)

Der Neandertaler (Kampf oder Größe zeigen?)
(Seite 103)

Wer begründet- überzeugt (Seite 124)

Ein Bild sagt mehr als 1000 Worte (Seite 124)

Wir wirken immer (Wir können uns unserer
Wirkung nicht entziehen!) (Seite 151)

Alles hat zwei Seiten (Jeder Mensch hat aus seiner
Sicht gesehen Recht!) (Seite 159)

NACHWORT

Liebe Leserinnen und Leser,

wir haben uns jetzt ausführlich mit den Situationen beschäftigt, die uns keine Freude machen.
Wir haben uns mit Menschen auseinandergesetzt, die uns zur Weißglut bringen, die uns ärgern und provozieren oder die uns einfach nur nerven.

Es gibt natürlich auch die Kehrseite der Medaille. Es gibt genügend Menschen, die auch im Straßenverkehr auf ihre Mitmenschen Rücksicht nehmen. Die vorausschauend fahren, andere Fahrzeuge einscheren lassen und dem ganzen Chaos einfach entspannt entgegenlächeln. Und das ist auch gut so.
Ihnen möchten wir an dieser Stelle sagen:
Wir danken Ihnen ganz herzlich für Ihre Vernunft, Ihre Nachsicht und Ihre Größe. Schön, dass es Menschen wie Sie gibt. Das baut uns auf und hilft uns, die oben angesprochen Werkzeuge mit noch mehr Freude anzuwenden.

Vielleicht sehen Sie, liebe Leser, die in dem Buch beschriebenen Themen ganz anders als ich.

Möglicherweise haben Sie Erfahrungen gemacht, die genau dem Gegenteil entsprechen, zu dem, was ich Ihnen alles berichtet habe.
Freuen Sie sich. Dann sind Sie einer der wenigen denen es so ergeht. Dann möchte ich Ihnen nur sagen, weiter so!

Somit sind die erarbeiteten Werkzeuge für Sie, in Bezug auf den Straßenverkehr, nicht relevant.
Wenn Sie jedoch an andere Situationen denken, die Sie so täglich erleben, im Berufsleben, in der Familie, mit den Kindern oder Ihrem Partner – wo können Sie dort diese Werkzeuge erfolgreich anwenden?
Ich kann es Ihnen sagen: <u>Überall!</u>

Diese praxisbezogenen Werkzeuge haben alle mit dem zwischenmenschlichen Verhalten zu tun. Das heißt, egal in welcher Situation wir uns befinden, es gibt fast immer noch eine alternative Vorgehensweise oder Sichtweise.
Seien Sie bereit. Probieren Sie es ganz bewusst aus und leben Sie entspannter und harmonischer mit Ihren Mitmenschen zusammen.

Übrigens haben wir, passend dazu, ein Thema in diesem Buch gar nicht angesprochen.

Das Verhältnis von Eltern und Kindern. Was meine ich damit?
Es geht darum, in wie weit unsere Eltern unser Fahrverhalten beeinflussen oder prägen?
Ich weiß nicht, wie es Ihnen geht, wenn Sie an dieses Thema denken, aber mich hat es schon geprägt.
Allein durch das unbewusste Abspeichern von verschiedenen Situationen im Auto meiner Eltern, bei denen meistens mein Vater hinterm Steuer saß, hat sich mein Verhalten im Straßenverkehr, speziell in den ersten Jahren, entwickelt.

Ich kann mich sehr gut daran erinnern, wie er durch enge Passagen, d.h., an parkenden Autos, durch schmale Gassen, mit einer Gelassenheit und Souveränität durchgefahren ist, ohne in irgendeiner Form ängstlich oder unsicher zu wirken. Ganz im Gegenteil zu meiner Mutter. Die saß damals daneben, wie heute meine Frau neben mir als Beifahrerin sitzt.
Voller Panik und Angst in bestimmten Situationen.

Na klar, sie können als Beifahrer nicht eingreifen. Sie sind dem Fahrer völlig ausgeliefert. Aber liebe Beifahrerinnen und Beifahrer. Haben Sie Vertrauen.
Wir wollen doch auch alle gesund und munter an unserem Ziel ankommen.

186

Wenn Sie mal erleben wollen, wie schlecht es Ihnen als Beifahrer werden kann, dann setzen Sie sich mal neben einen professionellen Rennfahrer. Zum Beispiel einen Rallyefahrer.
Ich hatte mal das Vergnügen, als Teenager, bei meinem Onkel mitzufahren, der zu der Zeit hauptberuflich Rennen gefahren ist.
Ich werde die Bilder nie vergessen. Ein umgebauter Opel mit Überrollkäfig und sonstigen Rennausstattungen, sowie einer Straßenzulassung.
Sie können sich vorstellen, was dann passiert ist. Mein Onkel wollte seinem kleinen Neffen natürlich mal zeigen, was so ein Rennfahrer alles drauf hat.

Ich erspare Ihnen jetzt die Details, kann Ihnen aber eines sagen. Es war der Wahnsinn, im positiven Sinne. Und nein, übergeben musste ich mich nicht. Ich wollte nur noch eins. Noch mal fahren.

Gut, das Ganze hat sicher auch meinen Fahrstil der ersten Jahre geprägt. Jeder kleine Junge und später jeder junge Erwachsene will doch ein Rennfahrer sein. Aber dieser Zahn wird einem ganz schnell gezogen. Ich sage nur Probezeit und eventuelle Nachschulung. Spätestens danach wird man Stück für Stück ruhiger und will, bzw. muss sich nicht mehr so austoben. Zumindest nicht auf unseren Straßen.

Worauf will ich eigentlich hinaus?
Liebe Fahranfänger. Hört Euren Eltern zu, wenn Sie Euch Tipps oder Verhaltensregeln für den Straßenverkehr mit auf den Weg geben. Sie machen das nur, damit Ihr nicht die gleichen Fehler macht, wie sie es einmal gemacht haben.

Auf der anderen Seite, liebe Eltern, lasst Eurem Nachwuchs gewisse Freiheiten. Lasst sie selbst entscheiden, ob Sie auf der Autobahn, der Landstraße oder in dem Berufsverkehr fahren wollen. Fordert und fördert sie. Das Schlimmste, was passieren kann, wenn man seinem Kind hinterm Steuer keine Fahrpraxis gibt.
Führerschein erfolgreich bestanden, noch kein eigenes Auto, aber Vater und Mutter fahren lieber selber. Der junge Erwachsene sitzt hinten drin und fragt sich: Warum habe ich überhaupt den Führerschein gemacht?

Wenn sich die Möglichkeiten ergeben, lassen Sie den Fahranfänger fahren. Egal um welche Strecken es geht. Denn nur Praxissituationen geben Sicherheit. Die Erfahrungen der ersten Wochen und Monate prägen Ihren Schützling und helfen, Freude und Spaß am Autofahren zu erlangen.

Natürlich brauchen Sie dann manchmal starke Nerven. Wenn der Wagen zwei oder dreimal abgewürgt wird. Wenn die Beschleunigungsspur nicht als diese genutzt wird. Aber denken wir bitte immer wieder daran. Wir waren auch mal in dieser Situation. Wir müssten doch am besten wissen, wie sich ein junger Fahranfänger hinter seinem Steuer fühlt. Vor allen Dingen, wenn dann auch noch die eigenen Eltern mit im Auto sitzen. Oder noch besser. Wenn Oma und Opa durch die Gegend kutschiert werden dürfen. Da brauchen auch die Nachwuchsfahrer sehr starke Nerven.

Wir sehen also, auch anhand dieses Beispieles, was es alles für Situationen geben kann, die nicht unbedingt dazu beitragen, ruhig und entspannt Auto zu fahren.
Wobei, wenn ich so über unsere bereits besprochenen Themen nachdenke, gibt es mit Sicherheit viele weitere Gegebenheiten, über die wir noch kein Wort verloren haben.

Ich denke da zum Beispiel an die „Zick-Zack-Fahrer", die „Kurvenschneider", die „Kurvenausholer" und wen auch immer es noch so alles gibt.
Genau die haben Sie schon vermisst?

Oder fragen Sie sich gerade, was oder wer ein „Kurvenausholer" ist? Mir ist kein anderes Wort für diese Menschen eingefallen. Wen meine ich damit konkret?

Es geht um die Menschen, die wenn sie abbiegen, erst mal in die andere Richtung ausscheren, um dann in die eigentliche Richtung abzubiegen. Als ob sie einen riesigen Lkw fahren. Bei dem ist das ja verständlich. Dessen Radius ist ja schon etwas anders, als der eines Pkw.

Wie oft fährt man hinter einem Autofahrer her, der signalisiert, dass er gleich rechts abbiegen will. Also endlich mal einer, der geblinkt hat. Jedoch kurz vor der Möglichkeit rechts abzubiegen, wird erst mal ordentlich nach links ausgeschert, damit man auch ja um die Kurve kommt.

Warum machen die das? Haben diese Menschen Angst, dass sie nicht um die Kurve kommen, dass sie irgendwo gegen fahren? Na klar, dann hole ich lieber so weit aus, dass ich sogar in den Gegenverkehr fahre, nur um rechts abzubiegen.

Apropos Gegenverkehr. Kennen Sie die oben angesprochenen „Kurvenschneider"?

Doch, die kennen Sie mit Sicherheit. Die kommen Ihnen manchmal halb auf Ihrer Spur entgegen. Warum?

Weil die nicht in der Lage sind die Straßenführung so zu nutzen, wie sie vorgegeben ist. Warum auch? Man kann doch eine Kurve oder Biegung der Straße auch als Gerade nehmen. Ein bisschen abkürzen. Da muss man das Lenkrad auch nicht so viel bewegen. Das da eventuell Gegenverkehr kommen kann, darüber wird nicht nachgedacht.
Wahrscheinlich muss erst etwas Schreckliches passieren, damit diesen Menschen bewusst wird, wie gefährlich das ist. Denken Sie auch gerade an Motorradfahrer?
Vielleicht fahren Sie selber Motorrad. Dann wissen Sie ganz genau, was ich meine. Liebe Autofahrer, die Sie sich angesprochen fühlen, wenn wir über „Kurvenschneider" sprechen.
Denken Sie mal drüber nach, wie es Ihnen geht, wenn Ihnen jemand auf Ihrer Fahrbahn entgegen kommt. Versetzen Sie sich bitte mal in die Lage eines Motorradfahrers. Dieser Motorradfahrer wird in manchen Kurven automatisch nach außen getragen, also genau in den Bereich, den Sie so gern abkürzen. Wollen Sie verantwortlich sein, für den nächsten Unfall mit einem solchen Motorradfahrer? Ich denke nicht.
Wo wir gerade über Motorräder sprechen, können wir eben noch kurz über die „Zick-Zack-Fahrer" reden.

Wen meine ich damit? Sie wissen schon, worauf ich hinaus will? Sind Sie ein solcher Fahrer?
Ein Fahrer, der immer von einer Lücke in die andere springt?

Motorradfahrer machen das auch mal ganz gerne. Die sind aber auch klein und wendig und beschleunigen sehr schnell. Was nicht heißt, dass das nicht ungefährlich ist.
Es gibt allerdings auch bei den Pkw-Fahrern, egal ob in der Stadt oder auf der Autobahn, immer wieder diese Suchenden. Die suchen immer die nächste Lücke. Die Lücke, bei der sie denken, dass sie dadurch schneller vorwärts kommen. Sind Sie auch so ein Suchender?
Okay, ich gebe es ja zu. Früher gehörte ich auch zu dieser Spezies. Immer nach links, wenn was frei war. Dann wieder rechts rüber, da ist eine Lücke. Nach einigen Metern wieder zurück, jetzt geht es da flotter weiter. Usw., usw.

Bringt das eigentlich irgendetwas?
Also, außer Stress? Sie fühlen sich dann besser? Warum? Weil Sie in Bewegung sind? Weil Sie Stillstand hassen? Weil es Ihnen nicht schnell genug gehen kann?

Verschiedene Studien haben gezeigt, dass derjenige, der nicht andauernd die Fahrbahnen wechselt, mindestens genauso schnell, wenn nicht sogar noch schneller an sein Ziel kommt, als der, der immer die nächste Lücke sucht.
Und der schöne Nebeneffekt ist der, dass er auch noch wesentlich entspannter ankommt, weil er sich diese ganze Hektik gar nicht erst antut. Im Gegenteil. Der amüsiert sich darüber, wie Sie verzweifelt versuchen, schneller vorwärts zu kommen.

Aber warum sind wir Menschen so?
Vor allem, warum sind wir Menschen so unterschiedlich? Gibt es gerade deshalb immer wieder Streit, Stress und Ärger? Weil wir so verschieden sind?
Woran liegt das und wie können wir das verändern? Ich weiß es nicht. Ich weiß nicht, woran es liegt. Vielleicht sind es die Gene. Vielleicht sind es äußere Einflüsse. Möglicherweise sind es auch die eigenen Vorstellungen, die unser Verhalten bestimmen.
Aber ist es nicht auch gut, dass wir Menschen alle verschieden sind. Stellen Sie sich vor, wir wären alle gleich. Alle wären wie Roboter unterwegs. Gut, dann gäbe es keinen Streit, keinen Stress und keine Aggressionen mehr auf Deutschlands Straßen. Aber wäre das nicht auch wieder langweilig?

Brauchen wir nicht etwas, wo wir uns dran reiben können?

Brauchen wir nicht auch die Situationen im Leben, die nicht alle schön und perfekt sind?

Hilft uns das denn nicht auch weiter, an uns selbst zu arbeiten und zu wachsen?

Klar, wenn wir immer den Weg des geringsten Widerstands suchen und auch nehmen, dann wird uns so schnell nichts passieren. Aber „Weltmeister" werden wir dann auch nicht. Erst wenn wir uns mal so weit nach rechts bewegen, bis wir merken, da laufen wir gegen die Wand oder so weit nach links bis wir merken, da steht einer mit einem Messer in der Hand, erst dann wissen wir doch, wie groß unsere „Spielwiese" ist, auf der wir uns austoben können.

Deshalb noch einmal meine Aufforderung an Sie:

„Lesen allein nützt nichts! TUN! Also TUN Sie es!"

Nutzen Sie die Werkzeuge dieses Buches ganz bewusst in allen sich bietenden Situationen. Speichern Sie die Bilder der einzelnen Praxisfälle ganz gezielt in Ihrem Unterbewusstsein ab.

Denn nur dann gelingt es uns, unsere Einstellung und unser Verhalten dauerhaft zu verändern.

Ich danke Ihnen für Ihr Vertrauen und wünsche Ihnen viel Freude und Erfolg bei der Umsetzung!!!